Nosso iceberg está derretendo

Nosso iceberg está derretendo

JOHN KOTTER
HOLGER RATHGEBER

Ilustrações de
Rebecca Solow

Tradução
Maria Clara de B. W. Fernandes
Thaíssa Tavares

10ª edição

Rio de Janeiro | 2018

CIP-BRASIL. CATALOGAÇÃO NA PUBLICAÇÃO
SINDICATO NACIONAL DOS EDITORES DE LIVROS, RJ

K88n
10. ed.   Kotter, John, 1947-
Nosso iceberg está derretendo : mude e seja bem-sucedido em condições adversas / John Kotter, Holger Rathgeber ; ilustração Rebecca Solow ; tradução Maria Clara de B. W. Fernandes , Thaíssa Tavares. - 10. ed. - Rio de Janeiro: BestSeller, 2018.
: il.

Tradução de: Our iceberg is melting
ISBN 978-85-465-0107-6

1. Desenvolvimento organizacional. 2. Mudança (Psicologia). 3. Sucesso nos negócios. 4. Pinguins - Ficção. I. Rathgeber, Holger. II. Solow, Rebecca. III. Fernandes, Maria Clara de B. W. IV. Tavares, Thaíssa. V. Título.

18-48702

CDD: 650.1
CDU: 005.336

Meri Gleice Rodrigues de Souza - Bibliotecária CRB-7/6439

Texto revisado segundo o novo Acordo Ortográfico da Língua Portuguesa.

Título original
OUR ICEBERG IS MELTING
Copyright © 2005, 2017 by John Kotter e Holger Rathgeber
Copyright do Prefácio © by Spencer Johnson

Copyright da tradução © 2018 by Editora Best Seller Ltda.

Esta edição é publicada mediante acordo com Portfolio, um selo do Penguin Publishing Group, uma divisão da Penguin Random House LLC.

Adaptação de capa: Ba Souza
Editoração eletrônica: Futura Editoração

Todos os direitos reservados. Proibida a reprodução, no todo ou em parte, sem autorização prévia por escrito da editora, sejam quais forem os meios empregados. Direitos exclusivos de publicação em língua portuguesa para o Brasil adquiridos pela
EDITORA BEST SELLER LTDA.
Rua Argentina, 171, parte, São Cristóvão
Rio de Janeiro, RJ – 20921-380
que se reserva a propriedade literária desta tradução

Impresso no Brasil
ISBN 978-85-465-0107-6
Seja um leitor preferencial Record.
Cadastre-se e receba informações sobre nossos lançamentos e nossas promoções.
Atendimento e venda direta ao leitor
mdireto@record.com.br ou (21) 2585-2002

O que estão dizendo

"*Nosso iceberg está derretendo* é maravilhoso. Simboliza uma mensagem poderosa que pode ajudar um grande público. Abrange todos os passos para ser bem-sucedido num mundo em constante mudança, desde encontrar os problemas fundamentais, alinhar-se com um possível campeão, traçar um plano de ação, conseguir apoio, lidar com aqueles que não querem mudar e muito mais."

— Chris Hand, Vice-presidente comercial internacional do Citigroup, Avaya Corporation

"Nunca tinha lido uma parábola num livro de negócios que analisasse questões complicadas como a mudança de gestão, condensando-a em uma simples história que todos conseguem entender. É a sequência perfeita para *Liderando mudanças* e *O coração da mudança*. Essencial para todos que estejam lidando com mudanças na gestão."

— Richard J. Kosinski, Diretor de desenvolvimento, Yahoo Inc.

"*Nosso iceberg está derretendo* é fantástico (incomum, mas certeiro). Todos em Washington, DC deviam lê-lo."

— John Batten, Vice-diretor executivo, Twin Disc Inc.

"Esse é o livro mais informativo e fácil de ler que já vi. Colocar um dos maiores desafios enfrentados por gestores ("Que problema? Não vejo problema algum!") no contexto de um iceberg derretendo e pinguins foi uma grande sacada de mestre."

— Michael Dimelow, Diretor, Comércio de produtos, TTP Communications PLC

"Acompanho o trabalho de Kotter há anos, tenho por ele imenso respeito, utilizo-o com meus clientes e sei do seu incrível poder para ajudar pessoas e organizações a obterem melhores resultados. Este livro (uma pequena fábula sobre pinguins) é, na minha opinião, o melhor e mais proveitoso de todos os seus trabalhos."

— Alan Frohman, Presidente, Frohman Associates

"Como resultado de ter lido o livro e o compartilhado com algumas pessoas na empresa, avançamos em diversas frentes. Estamos com ânimo renovado para seguir adiante, em vez de nos enfiar em mais leituras, mais tentativas de nos organizar e assim por diante. Está fazendo muita diferença para nós."

— Tom Curley, Presidente e CEO, Associated Press

"É um ótimo livro. Comunica de um jeito simples e bem-humorado os desafios de liderar a mudança. Podemos facilmente nos identificar com os personagens. E facilita discussões despreocupadas sobre assuntos difíceis."

— Deb Karstetter, Vice-diretora executiva, ABD Insurance & Financial Services

"Na França, quando ainda era criança, fui apresentado ao clássico francês *O Pequeno Príncipe*. Reli inúmeras vezes esse livro maravilhoso, tanto na época da faculdade como depois de adulto. É um livro que continua me ajudando a crescer e pensar. Vejo *Nosso iceberg está derretendo* como *O Pequeno Príncipe* do século XXI."

— Stephan Bancel, Gerente geral, Eli Lilly, Bélgica

"Minha filha de 15 anos me viu lendo *Nosso iceberg está derretendo*. Quando deixei o livro no escritório, ela começou a lê-lo. Quando ela terminou, minha esposa o leu. Depois, todos conversamos sobre o livro. Acho que o que vai acontecer na nossa família, principalmente com nossa filha, é que, agora, quando discutirmos questões sobre mudanças, podemos nos remeter a uma história que é fácil de lembrar e visualmente marcante. Ela gruda na mente e é difícil de esquecer."

— Peter Z. Orton, ph.D., Diretor de programação, Projetos especiais, IBM On Demand Learning

"Neste mundo acelerado, com montes de informações e materiais escritos, esse livro é um bálsamo. É simples e objetivo, fácil de ler e cheio de ideias que todos conseguem botar em prática. Em uma página, eu me via pensando sobre o passado, na outra, sobre o futuro."

— Edward Day, Vice-diretor executivo, Southern Company Generation

Prefácio

Dr. SPENCER JOHNSON
Autor de *Quem mexeu no meu queijo?*
Coautor de *O gerente-minuto*

À primeira vista, este livro maravilhoso parece ser uma fábula simples, fácil de ler e entender. Mas essa é apenas a ponta do proverbial iceberg.

Trabalhando com John Kotter, na Harvard Business School, logo percebi que ele sabe mais sobre mudanças organizacionais do que qualquer um, em qualquer lugar. Líderes e gerentes em todo o mundo leram seu livro altamente respeitado, *Liderando mudanças*, e descobriram que usar seus Oito Passos é o melhor modo de garantir uma mudança organizacional bem-sucedida.

Como isso se relaciona com a maioria de nós?

Bem, com *Nosso iceberg está derretendo* todos que trabalham em qualquer tipo de empresa — ou seja, a maioria das pessoas — podem descobrir como usar os mesmos Oito Passos e alcançar mais sucesso nestes tempos de mudanças.

O professor Kotter e seu igualmente criativo coautor Holger Rathgeber nos permitem ver como um grupo de pinguins em condições adversas usa os Oito Passos, aparentemente sem saber disso.

Se você trabalha em uma empresa, ou se seus negócios são sua vida, considere que todos, de CEOs a alunos do ensino médio, podem se beneficiar com o que tiram dessa história.

Enquanto aprecia a leitura a seguir, talvez se pergunte: "Qual é o meu 'iceberg' e como posso aplicar o que estou descobrindo com essa história?"

Depois, pense em partilhar o que assimilou com as pessoas com quem trabalha. Afinal de contas, as coisas geralmente melhoram quando todos têm um mesmo entendimento.

Bem-vindo

Aprenda a lidar bem com o desafio da mudança e você prosperará muito. Lide mal e estará em risco.

Com muita frequência, pessoas e organizações não enxergam a necessidade de mudança. Não conseguem identificar corretamente como agir, como fazer dar certo, como perpetuar a mudança. Empresas não conseguem. Nem sistemas educacionais. Nem nações.

Estudamos o desafio da mudança há décadas. Conhecemos os deslizes que até pessoas muito inteligentes cometem. Identificamos os passos que podem garantir o sucesso das equipes. E vamos mostrar nossas descobertas.

Nosso método consiste mais em mostrar do que contar. E usamos o método que ajudou mais pessoas a aprender através dos séculos do que qualquer outra técnica: a fábula.

As fábulas são poderosas porque tratam de assuntos sérios, confusos e alarmantes de maneira clara e acessível. Tornam-se inesquecíveis, ao contrário de grande parte das milhares de informações que recebemos em um dia e esquecemos no seguinte.

As histórias podem estimular a reflexão, ensinar lições importantes e inspirar-nos a colocá-las em prática, independentemente da nossa idade. Em nosso mundo moderno de alta tecnologia, podemos nos esquecer dessa verdade simples, porém profunda.

Se você conhece bem o cenário de nossa história — a Antártida —, verá que a vida dos nossos pinguins é bem diferente daquela que encontramos em documentários sobre a vida selvagem. Afinal, as fábulas são assim. Se acha que uma história divertida e com figuras é para crianças, logo verá que esse livro é sobre soluções para problemas reais que frustram a praticamente todos em uma empresa.

A fábula a seguir foi inspirada na premiada pesquisa de John Kotter sobre como mudanças bem-sucedidas realmente acontecem. A questão é que todos encontram os problemas básicos presentes nessa história, mas poucos encontram maneiras altamente eficazes de lidar com eles. E nossa história é justamente sobre isso.

Nosso iceberg nunca derreterá

Era uma vez uma colônia de pinguins que vivia em um iceberg na gelada Antártida, perto do que hoje é conhecido como Cabo Washington.

O iceberg estava ali há muitos, muitos anos. Era cercado por um mar rico em alimentos. Na superfície, enormes paredes de neve infinita abrigavam os pinguins das terríveis tempestades de inverno.

Até onde qualquer um dos pinguins podia se lembrar, eles sempre tinham vivido naquele iceberg. "Este é o nosso lar", diriam se você fosse visitá-los naquele mundo gelado e nevado. Também acrescentariam o que, do ponto de vista deles, parecia óbvio, "e sempre será o nosso lar".

Onde viviam, qualquer desperdício de energia era mortal. Todos na colônia sabiam que precisavam se manter juntos para sobreviver. Dessa forma, aprenderam a depender uns dos outros. Quase sempre se comportavam como uma grande família (o que, é claro, pode ser bom ou ruim).

Eram pássaros realmente belos. Chamados de pinguins imperadores, eram o maior dos 17 tipos de pinguins da Antártida e pareciam estar sempre vestidos em trajes de gala.

Na colônia viviam 268 pinguins. Um deles era o Fred. Ele era muito parecido com os outros pinguins, e também se comportava como eles.

Você provavelmente o descreveria como "fofo" ou "majestoso", a menos que realmente não goste de animais. Mas Fred era diferente da maioria dos pinguins, e de um jeito muito importante.

Fred era incrivelmente curioso e observador.

Os outros pinguins pescavam criaturas marinhas — o que era mesmo necessário, já que não existia outro alimento na Antártida. Fred pescava menos e passava mais tempo observando o iceberg e o mar.

Os outros pinguins passavam grande parte de seu tempo com amigos e parentes. Fred era bom marido e bom pai, mas se socializava menos do que o habitual. Muitas vezes saía sozinho para escrever sobre o que havia observado.

Talvez você esteja pensando que Fred era um pinguim estranho, talvez o tipo de pinguim que os outros não quisessem ter por perto. Mas isso não era verdade. Fred só fazia o que achava certo. E estava ficando cada vez mais preocupado com o que via.

Fred tinha uma pasta cheia de observações, ideias e conclusões. (Sim, uma pasta. Lembre-se de que você está lendo uma fábula.) As informações eram cada vez mais perturbadoras. Elas eram alarmantes...

O iceberg está derretendo e logo poderá se partir!

Um iceberg se partindo em pedaços seria um desastre para os pinguins, especialmente se isso acontecesse durante uma tempestade de inverno. Os mais velhos e os mais novos certamente morreriam. Quem poderia dizer quais seriam todas as consequências? Como sempre acontece em eventos inesperados, não havia qualquer plano para lidar com uma catástrofe daquelas.

Fred não entrava em pânico à toa. Mas dessa vez, quanto mais estudava suas anotações, mais assustado ficava.

Precisava fazer alguma coisa, mas não tinha o direito de fazer pronunciamentos ou determinar um plano de ação. Não era um dos líderes da colônia. Não era nem mesmo filho, irmão ou pai de um dos líderes da colônia. E não tinha um histórico confiável como analista de icebergs.

Fred também se lembrava de como seu colega Harold fora tratado quando comentara que o iceberg estava ficando mais frágil. Como ninguém parecera interessado, Harold havia tentado reunir algumas provas. Seus esforços foram recebidos assim:

"Harold, você realmente se preocupa demais. Coma uma lula e se sentirá melhor."

"Frágil? Pule, Harold. Peça para cinquenta de nós pularem ao mesmo tempo. Acontece alguma coisa? Hein?"

"Suas observações são fascinantes, Harold. Mas podem ser interpretadas de quatro maneiras muito distintas. Veja bem, se alguém imaginar..."

Alguns dos pinguins não disseram nada, mas começaram a tratar Harold de modo diferente. A mudança foi sutil, mas Fred a notou. E, sem dúvida, não havia sido para a melhor.

Fred se sentiu um pouco solitário.

O que faço agora?

A colônia tinha um Conselho de Liderança. Também chamado de Grupo dos Dez, liderado pelo Pinguim Chefe. (Os adolescentes tinham outro nome para o grupo, mas essa é outra história.)

Alice — uma ave rigorosa e prática, conhecida por ser uma realizadora — era um dos dez líderes. Além disso, era comprometida com a colônia, ao contrário dos outros líderes, que eram mais indiferentes. Na verdade, todos os pinguins de sua raça pareciam um pouco indiferentes, mas nem todos se comportavam assim.

Fred chegou à conclusão de que Alice talvez não rejeitasse sua história como os outros pinguins anciãos. Então, foi vê-la. Em se tratando de Alice, não precisou marcar hora.

Contou sobre seus estudos e conclusões. Ela o ouviu atentamente, embora, para falar a verdade, se perguntasse se Fred estava passando por algum tipo de crise pessoal.

Estaria com problemas no casamento? Ou será que andava comendo muitas lulas com alto nível de mercúrio?

Mas... em se tratando de Alice, ela não ignorou Fred. Em vez disso, disse, cética:

— Leve-me ao lugar onde acha que o problema é mais aparente.

Esse "lugar" não era na superfície do iceberg, onde o degelo e suas consequências eram difíceis de ver, mas na parte submersa e em seu interior. Fred explicou isso a Alice. Ela ouviu e, não sendo a mais paciente das aves, disse:

— Tá bom, tá bom, tá bom. Vamos.

Os pinguins ficam vulneráveis quando pulam na água, porque os leões-marinhos e as orcas se escondem para pegar as aves desatentas. Sem entrar em detalhes gráficos desagradáveis, diremos apenas que ninguém desejaria ser pego por um leão-marinho ou uma orca. Por isso, quando Fred e Alice pularam no mar, foram instintivamente cuidadosos.

Abaixo da superfície, Fred apontou as rachaduras e os outros claros sintomas dos danos causados pelo degelo. Alice ficou admirada por não ter percebido esses sinais.

Ela continuou a segui-lo, e entraram em um grande buraco em uma parede do iceberg. Era um canal de alguns metros de largura. Através dele, nadaram bem para o centro do iceberg, chegando a uma espaçosa caverna cheia d'água.

Alice tentou dar a impressão de que entendia tudo o que estava vendo, mas ela era especialista em liderança, não em icebergs. Fred percebeu o olhar espantado de Alice. Então, quando voltaram à superfície, ele explicou.

Resumindo uma longa história:

Icebergs não são como cubos de gelo. Podem existir fendas em seu interior, chamadas de canais. Alguns canais levam a grandes bolhas de ar, chamadas de cavernas. Se o gelo derreter demais, as fendas ficam expostas à água, que acaba entrando nos canais e nas cavernas.

Durante um frio inverno, os estreitos canais cheios de água congelam rapidamente, prendendo a água nas cavernas. Mas, com a temperatura cada vez mais baixa, essa água também congela. Como a água nesse estado aumenta muito de volume, o iceberg pode se partir em pedaços.

Em poucos minutos, Alice começou a entender por que Fred estava tão preocupado. A gravidade do problema poderia ser...?

Aquilo definitivamente não era bom.

Alice estava abalada, embora não demonstrasse. Em vez disso, fez muitas perguntas a Fred.

— Preciso pensar sobre o que acabei de ver — disse ela —, e me apressar para falar com alguns dos outros líderes. — Sua mente já estava trabalhando. — Vou precisar de sua ajuda. Preciso que esteja preparado para ajudar os outros a enxergar e examinar o problema. Ela fez uma breve pausa e acrescentou: — E prepare-se para a possibilidade de que alguns dos líderes não queiram ver nenhum problema.

Alice se despediu de Fred, que se sentiu melhor e pior ao mesmo tempo.

Melhor porque não era mais o único pinguim a ter consciência do possível desastre. Não era mais o único que sentia a necessidade de resolver o problema.

Pior porque ainda não via nenhuma solução. E não tinha gostado muito do modo como Alice dissera "(...) esteja preparado" e que talvez "(...) alguns dos líderes não queiram ver nenhum problema".

Faltavam apenas dois meses para o início do terrível inverno antártico.

Problema? Que problema?

Nos dias que se seguiram, Alice procurou todos os membros do Conselho de Liderança, inclusive Louis, o Pinguim Chefe. Ela pediu que eles fossem ao mesmo lugar aonde ela fora com Fred. A maioria prestou atenção nela. Mas eles ainda não acreditavam. Será que Alice estava tendo algum problema pessoal, talvez no seu casamento?!

Nenhum dos pinguins com quem Alice falara se animara com a ideia de nadar até uma grande caverna escura. Alguns membros do Conselho nem foram encontrar com ela. Disseram que estavam ocupados com outras coisas importantes — como a queixa de uma ave um tanto escandalosa de que outro pinguim fazia caretas pelas suas costas (problema um pouco difícil de entender, já que pinguins não conseguem fazer caretas).

Também estavam debatendo se suas reuniões semanais deveriam durar duas horas ou duas horas e meia, tema empolgante para os que gostavam e os que não gostavam de tagarelar.

Alice pediu a Louis, o Pinguim Chefe, que convidasse Fred para apresentar e defender suas conclusões na próxima reunião do Conselho de Liderança.

— Depois do que me contou sobre Fred, fiquei muito interessado em ouvir o que ele tem a dizer — disse diplomático o Pinguim Chefe.

No entanto, Louis não reservou tempo para ouvir esse pinguim relativamente desconhecido que nunca havia falado para o grupo de líderes. Mas Alice insistiu, lembrando ao chefe de que eles precisavam correr alguns riscos.

— O tipo de coisa que você fez bravamente durante toda a vida. — Isso era mais ou menos verdade, e Louis gostou de ouvir esse elogio de Alice (embora os motivos dela fossem bastante óbvios).

O Pinguim Chefe concordou em convidar Fred, e Alice transmitiu-lhe o convite.

Preparando-se para seu encontro com os líderes, Fred pensou em escrever um discurso no qual apresentaria estatísticas sobre a redução do tamanho do iceberg, os canais, as cavernas cheias d'água, o número de rachaduras obviamente causadas pelo degelo, e assim por diante. Mas, quando perguntou a alguns dos membros mais velhos da colônia sobre o Grupo dos Dez, descobriu que:

- Duas das aves do Conselho de Liderança adoravam debater sobre a credibilidade das estatísticas. E debatiam durante horas, horas e horas. Essas duas aves eram as maiores defensoras das reuniões mais longas.
- Um dos membros do Conselho de Liderança costumava dormir — ou pelo menos chegar muito perto disso — nas apresentações longas com estatísticas. Seu ronco chegava a atrapalhar quem estava falando.
- Outra ave não gostava de lidar com números.
- Geralmente tentava esconder isso balançando muito a cabeça, o que acabava irritando outros membros do grupo e provocando mau humor e discussões.

- Pelo menos dois outros membros do Conselho deixavam bastante claro que não gostavam de OUVIR muito sobre coisa alguma. Achavam que quem devia FALAR eram eles próprios.

Depois de muito refletir, Fred criou uma nova estratégia para apresentar suas ideias na reunião.

Ele construiu uma réplica do iceberg. Media 1,20m por 1,50m e era feita de gelo e neve de verdade. O processo de construção foi complicado (principalmente porque Fred não tinha mãos, nem dedos e nem polegares).

Quando ficou pronto, Fred viu que não estava perfeito. Mas Alice achou a ideia muito criativa e ótima para ajudar os líderes a começarem a enxergar o problema.

Na noite anterior à reunião, Fred e seus amigos levaram a réplica do iceberg para o local da reunião. Infelizmente, localizado na montanha mais alta do iceberg. Na metade da subida, começaram as queixas. "Por que, afinal, estou fazendo isso?" foi um dos comentários mais gentis de seus amigos.

Se pinguins pudessem dar grunhidos e gemidos, os barulhos certamente teriam sido ouvidos.

Na manhã seguinte, os líderes já estavam em pé em volta da réplica quando Fred chegou. Alguns debatiam com entusiasmo. Outros pareciam confusos.

Alice apresentou Fred ao grupo.

Como sempre, Louis, o Pinguim Chefe, foi quem iniciou a reunião:

— Fred, queremos que nos fale sobre sua descoberta.

Fred se curvou respeitosamente. Podia sentir a receptividade de Louis e de alguns membros do grupo. Outros pareciam neutros. Alguns, incomodados de ouvir sobre essa suposta descoberta.

Fred organizou seus pensamentos e encheu-se de coragem. E então contou a história de sua descoberta. Explicou os métodos que tinha criado para estudar o iceberg. Descreveu como descobriu os desgastes, os canais abertos, a grande caverna exposta e cheia d'água. Tudo causado pelo degelo.

Durante toda apresentação, Fred usava a réplica do iceberg para orientar o público e ilustrar seus pontos de vista. Apenas um dos pinguins do Conselho de Liderança não se aproximou da réplica.

Quando Fred tirou a metade superior da estrutura para mostrar a grande caverna e explicar seu impacto desastroso, dava para ouvir os flocos de neve caírem no chão.

Quando a apreentação terminou, houve um longo silêncio.

Alice começou o debate dizendo:

— Vi tudo isso com meus próprios olhos. A caverna cheia d'água é enorme. Assustadora. Vi todos os outros sinais de destruição que devem ter sido causados pelo degelo. Não podemos mais ignorar isso! — Alguns pinguins fizeram que sim com a cabeça.

Um dos membros do Conselho de Liderança era uma ave mais velha e troncuda chamada NoNo. Ele era responsável pela previsão do tempo. Havia duas teorias para explicar a origem de seu nome. Uma era a de que seu bisavô também se chamava NoNo. Outra era a de que suas primeiras palavras quando filhote não foram "Ma" ou "Pa", mas "No, No".

NoNo estava acostumado a ser acusado de errar em suas previsões do tempo, mas essa história de iceberg derretendo era demais para ele. NoNo falou sem hesitar, mal conseguindo controlar suas emoções:

— Tenho transmitido regularmente a este grupo minhas observações sobre o clima e seus efeitos em nosso iceberg. Como já disse a vocês, períodos de degelo em verões quentes são comuns. No inverno, tudo volta ao normal. O que ele viu, ou acha que viu, não é nenhuma novidade. Não há motivo para vocês se preocuparem! Nosso iceberg é sólido e forte e pode resistir a essas variações!

Cada frase de NoNo era dita em um tom mais alto do que a outra. Se os pinguins pudessem ficar com a cara vermelha, o que não é possível, a dele teria ficado.

Quando NoNo percebeu que alguns do grupo havim começado a apoiá-lo, apontou para Fred e disse de forma dramática:

— Este jovem diz que o degelo abriu aquele canal. Mas talvez não tenha aberto. Ele diz que o canal congelará neste inverno e prenderá a água em uma grande caverna. Mas talvez isso não aconteça! Ele diz que a água na caverna congelará. Mas talvez não congele! Ele diz que a água congelada sempre aumenta de volume. Mas talvez ele esteja errado! E mesmo se tudo o que diz for verdade, será nosso iceberg realmente tão frágil que a água congelada em uma caverna é capaz de parti-lo em pedaços perigosamente pequenos? Como saberemos se o que ele diz não é apenas uma hipótese? Especulação? Uma ideia maluca que só faz espalhar o medo?

NoNo fez uma pausa, olhou fixamente para os outros e deu seu golpe decisivo:

— Ele pode garantir que está 100% certo de seus dados e suas conclusões?

Quatro das aves fizeram que sim com a cabeça. Uma delas parecia tão irritada quanto ele.

Alice lançou um olhar encorajador para Fred, querendo lhe dizer: *está tudo bem* (apesar de ela saber que não era verdade), *você consegue lidar com isso* (o que não estava de modo algum claro), *vá em frente e responda com calma* (o que teria sido difícil para ela, que tinha vontade de gritar: "NoNo, seu imbecil!").

Fred não respondeu nada. Alice lhe lançou outro olhar encorajador.

Fred hesitou, e então disse francamente:

— Sinceramente, não. Eu não posso garantir. Não, não tenho 100% de certeza. Mas se nosso iceberg se partir em pedaços, será no inverno, quando o sol não aparece nem de dia, nem de noite e as terríveis tempestades e os ventos nos deixam mais vulneráveis. Morreríamos aos montes, não?

Dois dos pinguins em pé perto de Fred pareceram aterrorizados. Ele olhou na direção deles e disse:

— Isso não aconteceria?

Vendo que a maior parte do Conselho de Liderança parecia ainda não acreditar, Alice lançou um olhar severo a NoNo e disse:

— Pense nos pais que poderiam perder seus filhos. Imagine-os vindo até nós e perguntando: "Como isso pôde acontecer? O que vocês estavam fazendo? Como não previram isso? O trabalho de vocês era proteger a colônia!" O que você lhes diria? "Bem, sim, sinto muito. Nós sabíamos que poderia haver um problema, mas não estávamos 100% certos disso."

Alice fez uma pausa para deixar que os pinguins pensassem no que ela dizia.

— O que lhes diríamos ao vê-los diante de nós sofrendo terrivelmente? Que esperávamos que essa tragédia não acontecesse? Que não era conveniente agir até termos 100% de certeza?

Mais uma vez, era possível ouvir os flocos de neve caírem no chão.

Sob sua aparência exterior séria, Alice estava tão furiosa que sentia vontade de atirar a réplica do iceberg em NoNo.

Louis, o Pinguim Chefe, notou uma mudança no estado de espírito do grupo. Ele disse:

— Se Fred estiver certo, só temos dois meses até o inverno começar para nos protegermos dessa ameaça.

Um dos outros pinguins líderes observou:

— Precisamos formar um comitê de membros deste conselho para analisar a situação e procurar possíveis soluções.

Muitas das aves concordaram fazendo que sim com a cabeça.

Outra delas disse:

— Sim, mas devemos fazer tudo o que for possível para não alterar as rotinas da colônia. Nossos filhotes precisam de muito alimento para crescer, e não devemos gerar pânico. Portanto, precisamos manter isso em segredo até encontrarmos uma boa solução.

Alice pigarreou alto. Sua resposta foi firme:

— Quando nos deparamos com um problema, normalmente formamos um comitê e tentamos proteger nossa colônia de notícias desagradáveis. Mas esse está muito longe de ser um problema normal.

As outras aves olharam para ela. Todas pensavam a mesma coisa: *aonde ela pretende chegar com essa linha de raciocínio?*

— Devemos convocar imediatamente uma assembleia geral da colônia e convencer o maior número possível de pinguins de que existe um grande problema. Devemos trazer amigos e familiares para o nosso lado, a fim de termos chance de encontrar uma solução que seja aceita pela maioria — disse Alice.

Os pinguins costumam se comportar de um modo bastante controlado, principalmente em se tratando de membros do Conselho de Liderança em reunião. Mas, naquele momento, alguns deles estavam totalmente desnorteados, falando ao mesmo tempo.

— Uma assembleia!!

— ...O risco é...

— ...Nós nunca...

— ...O pânico...

— ...Não, não, não...

— ...E o que diríamos?

Esse comportamento não era nada animador.

— Tenho uma ideia — disse Fred cauteloso. — Vocês me dão alguns minutos, por favor? Não vou demorar muito.

Ninguém disse nada. Fred interpretou isso como um sim ou, pelo menos, algo que não era um não.

Ele desceu a montanha o mais rápido que pôde, encontrou o que queria e subiu de novo. O Grupo dos Dez estava tagarelando de novo. Eles pararam quando Fred chegou com uma garrafa de vidro.

— O que é isso? — perguntou Alice.

— Na verdade, não sei — respondeu Fred. — Meu pai encontrou isso em um verão na borda de nosso iceberg. Parece gelo, mas não é feito de gelo. — Deu uma bicada na garrafa. — É muito mais duro do que o gelo e, quando você se senta em cima dele, ele aquece, mas não derrete. — Todos o encaravam ansiosos. E...? — Talvez pudéssemos encher isso de água, tapar o buraco em cima e colocar no vento frio. Então, amanhã veríamos se essa coisa se partiu devido ao aumento do volume da água quando congelada.

Fred parou de falar enquanto o resto do grupo tentava entender a lógica do que ele dizia.

— Se isso não se partir, talvez não seja preciso se apressar e convocar uma assembleia da colônia — continuou ele.

Alice estava fascinada. Era arriscado, pensou consigo mesma, mas Fred era mesmo esperto!

NoNo suspeitou de que aquilo fosse um truque, mas não achou uma alternativa. E talvez aquilo pusesse fim a toda aquela baboseira.

Louis, o Pinguim Chefe, olhou para NoNo e tomou sua decisão. Já era hora de terminar aquela reunião e seguir em frente. Ele disse aos outros:

— Então, faremos isso.

E eles fizeram.

Louis encheu a garrafa de água. Tampou a boca com um osso de peixe do tamanho exato do buraco. Entregou a garrafa a Buddy, um pinguim tranquilo, belo e jovem de quem todos pareciam gostar e em quem confiavam.

Depois se dispersaram.

Fred estava sempre pronto a dar a cara a tapa quando era preciso, embora isso inevitavelmente o deixasse nervoso. Por isso, não dormiu muito bem naquela noite.

Na manhã seguinte, enquanto Buddy subia a montanha, todos os outros pinguins estavam olhando para ele lá de cima. Quando chegou ao topo, uma das aves perguntou:

— E então?

Buddy mostrou a garrafa. Estava visivelmente rachada, devido ao gelo que se tornara grande demais para caber em seu interior.

— Estou convencido — disse Buddy.

As aves tagarelaram por meia hora. Todas, exceto duas, disseram que algo deveria ser feito. Uma dessas duas, ainda descrentes, é claro, era NoNo:

— Vocês podem ter descoberto algo novo e interessante — observou ele — mas...

NoNo foi ignorado.

— Vamos avisar aos outros que teremos uma assembleia. Mas ainda não digam qual é o assunto. — disse Louis.

As aves da colônia ficaram curiosas sobre qual seria o motivo da assembleia. Mas Alice certificou-se de que os membros do Conselho de Liderança manteriam seus bicos fechados, o que só fez aumentar o interesse e o suspense.

Quase todos os adultos compareceram. A maior parte da conversa foi sobre o dia a dia no iceberg.

— Felix está engordando. Muito peixe e pouco exercício.

— Onde ele tem conseguido tanto peixe?

— Ah, essa é uma história interessante.

Louis abriu formalmente a sessão e passou a palavra para Alice. Ela falou sobre o local que visitou com Fred, sobre os muitos sinais de degelo e sobre a caverna aberta e cheia d'água. Fred mostrou sua réplica do iceberg e explicou por que acreditava que eles estavam em perigo. Buddy contou a história da garrafa de vidro. E Louis, como Pinguim Chefe, observou enquanto o grupo recebia as notícias. Pôde perceber a tensão crescer entre os pinguins. Então encerrou a sessão dizendo que precisavam agir para encontrar uma solução. E embora não soubesse exatamente qual seria, tinha certeza de que a encontrariam.

Até todos terem a chance de ver a réplica do iceberg e a garrafa de perto, fazer perguntas a Fred e Alice e ouvir Louis falar mais, já tinha se passado a maior parte da manhã.

As aves ficaram espantadas, mesmo aquelas que normalmente respondiam a tudo dizendo "Bem, sim, mas...". A ideia de que "Tudo está muito bem, obrigado" começou a derreter.

Louis ordenou que a réplica do iceberg fosse colocada no seio do centro comunitário, onde os pinguins sempre se reuniam para trabalhar ou conversar. Por instinto, achou que isso impediria os pinguins de voltarem às suas rotinas.

Mas ele também sabia que a ansiedade era tão ruim quanto o comodismo, então passava por ali com frequência e conversava com os pinguins mais preocupados. Vendo isso, Alice começou a fazer o mesmo.

Para os dois, não saber como enfrentar um problema tão terrível não era nem um pouco confortável. No entanto, sentiam-se encorajados a medida que mais e mais aves se disponibilizavam:

— Avisem se eu puder ajudar de alguma forma.

Fred, Louis e Alice com certeza não sabiam disso (pois não eram profissionais especialistas em mudanças), mas ao <u>reduzir a inércia e aumentar a urgência</u>, tomaram o primeiro passo certo para conseguir salvar a colônia.

Não posso fazer isso sozinho

Na manhã seguinte, um amigo de NoNo deslizou até Louis (os pinguins podem usar a barriga para deslizar, por mais que isso pareça estranho aos humanos). Ele propôs que como Pinguim Chefe, Louis tinha a *obrigação* de estudar o problema, estabelecer um plano e dar ordens para os outros executarem. Assim, ele resolveria o problema do degelo do iceberg sozinho.

— Isso é o que os líderes fazem. Você é um ótimo líder, não precisa de ajuda — disse e deslizou (alguns diriam que serpenteou) para longe.

Outro pinguim propôs que Louis delegasse o problema para as aves mais jovens que eram especialistas em gelo. E Louis argumentou que aquelas aves não tinham muita credibilidade na colônia, e ninguém sabia se tinham habilidades para liderar. Eram pouco experientes, e alguns não eram muito estimados.

— Tá, aonde você quer chegar? — perguntou o pinguim que dera a ideia.

Dois membros do Grupo dos Dez perguntaram quando teriam a primeira Sessão de Estratégia do Degelo.

Louis considerou qual seria seu próximo passo. Então convidou Alice, Fred, Buddy e um pinguim chamado Jordan para irem com ele a um lugar tranquilo do outro lado do iceberg. Jordan era conhecido como o "Professor", por ser o único erudito que o Conselho de Liderança conhecia. Se existisse uma universidade no iceberg, Jordan seria membro permanente do corpo docente.

— A colônia precisa de uma equipe de orientação para esse período difícil. Não posso fazer isso sozinho. Acredito que nós cinco somos a melhor equipe para a tarefa que temos pela frente — disse o Pinguim Chefe.

Alice concordou, inclinando levemente a cabeça. Buddy pareceu confuso. Fred ficou surpreso por ele, um pinguim ainda jovem, ser incluído no grupo. Mas o Professor foi o primeiro a falar.

— Por que você acredita que nós cinco seremos capazes de realizar esta tarefa? — perguntou ele.

Louis assentiu paciente, movendo a cabeça lentamente, como costumava fazer. Alice escondeu sua irritação. Se tivesse um relógio, estaria olhando para ele e batendo a pata no chão.

— Essa é uma boa pergunta — disse o Pinguim Chefe. — Olhe para nós cinco, Professor. Visualize o desafio que temos pela frente. Pense em cada um de nossos pontos fortes. Qual seria a resposta para a sua própria pergunta? — perguntou Louis, que só falava assim quando se dirigia ao Professor.

Jordan olhou para o horizonte. Se você pudesse ouvir os pensamentos do Professor, seria algo assim:

- **Louis:** Pinguim Chefe. Bastante experiente para ser sábio. Paciente. Um pouco conservador. Não se perturba facilmente. Respeitado por quase todos, exceto por NoNo e pelos adolescentes. Inteligente (mas não exatamente um intelectual).
- **Alice:** Prática. Agressiva. Faz as coisas acontecerem. Não se importa com status e trata todos do mesmo modo. Impossível de intimidar, por isso é melhor nem tentar. Inteligente (mas não exatamente uma intelectual).

- **Buddy:** Um belo jovem. Nem um pouco ambicioso. É amado (talvez chame até muita atenção de pinguins casadas) e visto por todos como um pinguim confiável. Definitivamente não é exatamente um intelectual.
- **Fred:** Mais jovem. Grandes chances de ter mais contato com os pinguins jovens. Surpreendentemente curioso e criativo. Criterioso. Belo bico. Dados insuficientes para avaliar seu Q.I.
- **Eu:** Inteligente (na verdade, inteligentíssimo). Culto. Fascinado por assuntos interessantes. Não a mais sociável das aves, mas quem sonha em ser uma ave sociável?
- Todos parecemos sentir a mesma urgência para agir, e logo. Portanto, se o Pinguim Chefe é A, Alice é B, Buddy é C, Fred é D, eu sou E, e a urgência é F, então A + B + C + D + E + F é, evidentemente, igual a um grupo forte.

O Professor se virou para Louis e disse:

— O que você disse faz todo o sentido.

Buddy, como sempre, pareceu confuso. Ele nunca entendia o Professor, mas confiava em Louis. A irritação de Alice diminuiu um pouco quando se lembrou do porquê o Pinguim Chefe era o Pinguim Chefe.

Fred não podia imaginar o que passava pela cabeça do Professor. Mas, assim como Alice e Louis, achava que estavam no caminho certo. Além disso, sentia-se privilegiado por estar trabalhando com aquele grupo talentoso de pinguins anciãos.

Louis se dirigiu a eles com seu jeito calmo:

— Concordo com Jordan. Mas se algum de vocês se sentir desconfortável com a ideia de trabalhar conosco, ou estiver muito atarefado com outras responsabilidades no momento, fale agora. Não estou decretando a formação desse grupo.

Buddy piscou (e dessa vez nem pareceu confuso!). Quase dava para ver o cérebro do Professor trabalhando. Alice fez que sim com um suave aceno de cabeça e declarou:

— Conte comigo. — Um pouco depois, o Professor concordou, seguido de Buddy, e finalmente de Fred.

Passaram o resto do dia juntos. No início, a conversa foi difícil:

— Gostaria de saber qual a redução anual de nosso iceberg — disse o Professor a certa altura. — Uma vez li que uma ave chamada Vladiwitch criou um método...

Alice pigarreou alto. Duas vezes. Olhando intensamente para Louis, comentou:

— Talvez devêssemos nos concentrar no que vamos fazer amanhã.

— Estou certo de que o Sr. Vladiwitch era um ótimo pinguim — disse gentilmente Buddy.

O Professor acenou com a cabeça, satisfeito por alguém se interessar por sua conversa, mesmo sendo apenas Buddy.

Louis tomou a palavra:

— Acho que ajudaria se todos fechássemos os olhos por um momento. — Antes de o Professor poder questionar a importância disso, o Pinguim Chefe acrescentou: — Por favor, não perguntem por quê. Aceitem a sugestão de um velho pinguim. Levará apenas um minuto.

Um após o outro, todos fecharam os olhos.

Louis continuou:

— Com os olhos fechados, apontem para o leste. — Após um momento de hesitação, todos fizeram isso. — Agora abram os olhos.

Buddy, o Professor, Fred e Alice apontavam em direções diferentes. Buddy chegou a apontar um pouco para cima, na direção do céu.

Alice suspirou, percebendo o problema. O Professor comentou:

— Ah, sim, isso é fascinante.

Fred concordou inclinando levemente a cabeça. Buddy ficou perdido.

O Professor disse:

— Vejam bem, para nós, A + B é uma soma (isto é, com mais potencial do que dois pinguins sozinhos), isto é, se A e B trabalharem como uma equipe. Ou seja, se compartilharmos nossos anseios, ambições e perspectivas. Mas nós reagimos ao pedido de Louis como indivíduos, cada um com um senso de direção totalmente diferente do outro. Ele não disse que não podíamos trabalhar juntos, conversar ou nos tocar. Vejam bem, a teoria de grupo de Flotbottom...

O Pinguim Chefe interrompeu o discurso levantando a asa e dizendo:

— Alguém quer comer lulas no almoço? — Isso chamou a atenção do gordo Professor, cujo cérebro era facilmente controlado por seu estômago barulhento.

— Ótima ideia — comentou Buddy.

Os pinguins adoram lulas, essas criaturas do mar que podem ser tão grandes quanto um ônibus (como o monstro de Julio Verne em *Vinte mil léguas submarinas*) e tão pequenas quanto um rato. Mas as pequenas lulas que os pinguins tanto gostam são diabretes traiçoeiras. Elas atiram um jato de tinta muito desagradável nos predadores e depois fogem depressa. Por isso, vencem facilmente uma briga com um pinguim. Há muitos anos, os pinguins perceberam esse problema e acharam uma solução: caçar lulas em grupos.

Louis foi o primeiro a pular no mar, e logo todos o seguiram. Os pinguins andam gingando de um modo esquisito quando em terra, de um lado para o outro (parecem um pouco com Charlie Chaplin), mas se movem com extraordinária habilidade e graciosidade no mar. São capazes de mergulhar até 500m de profundidade, ficar debaixo d'água por até dez minutos e manobrar melhor do que um Porsche caríssimo. Mas... qualidades individuais extraordinárias não são suficientes para caçar lulas.

A primeira lula que acharam escapou. Mas logo os pinguins estavam aprendendo a trabalhar juntos. Coordenaram seus movimentos, cercaram o alimento. E, finalmente, encontraram almoço suficiente para todos, até mesmo para saciar o enorme apetite do Professor.

Depois de uma boa refeição, Louis iniciou uma conversa em que não se falou muito sobre o degelo do iceberg ou sobre o que os cinco precisariam fazer para resolver o problema. Em vez disso, a discussão se concentrou na vida, nos entes queridos e nas esperanças e nos sonhos que tinham. Falaram durante algumas horas. Mencionaram mais desejos e oportunidades, e menos problemas e perigos, o que diante das circunstâncias, foi bem inusitado.

O Professor não estava disposto a falar apenas sobre a vida sem estabelecer uma ordem, um rigor. Então, ficou com o bico fechado e deixou seu cérebro de pensador funcionar em silêncio. Fred descobre que o iceberg está derretendo. Imagina a dificuldade em convencer um grupo acomodado. Procura Alice primeiro. Mostra-lhe o problema. Produz a réplica do iceberg. A garrafa entra em cena. O grupo se reúne. O comodismo diminui. Louis escolhe um grupo em potencial para comandar o trabalho. O grupo se mostra interessante. Louis não impõe nada. Só pede ajuda. Lulas e conversas transformam o grupo em uma equipe. E, no final, todos acabam conversando sobre possibilidades e sonhos.

Tudo um pouco estranho, porém fascinante.

Na manhã seguinte, Louis pediu que todos ficassem juntos. Ele gostaria de ter um mês para transformar os cinco pinguins em uma equipe bem unida, mas não dispunha de tanto tempo. Por isso fez o melhor que pôde, e em dois dias as aves já não pareciam tanto aqueles indivíduos apontando em direções diferentes. Louis tomou um primeiro passo difícil, mas essencial, e foi muito bem-sucedido em montar um grupo para encabeçar a mudança necessária.

A gaivota

Uma impaciente Alice sugeriu que eles buscassem logo soluções para o problema do degelo do iceberg conversando com os outros membros da colônia.

— Precisamos de mais cabeças pensando — argumentava ela.

O Pinguim Chefe não tinha certeza de que esse era o melhor caminho, e o Professor, definitivamente, não via razão para isso.

— Mais cabeças? — perguntou ele. Mas, após uma discussão construtiva, a opinião de Alice prevaleceu.

Um pinguim (com o coração de um produtor de petróleo do Texas) sugeriu que eles cavassem um buraco da superfície até a caverna para deixar a água e a pressão saírem. Isso não resolveria o problema principal do degelo, mas poderia impedir que o iceberg se partisse no próximo inverno. Essa ideia de cavar um buraco foi rapidamente discutida antes de o Professor esclarecer que, mesmo com todas as 268 aves bicando durante 24 horas por dia, eles só chegariam à caverna em 5,2 anos.

Outro pinguim sugeriu que eles encontrassem um iceberg perfeito. Sem degelo, sem cavernas expostas e sem rachaduras, perfeito em todos os sentidos, para que seus filhos e netos nunca mais tivessem de enfrentar uma crise como aquela. Que tal se eles criassem um comitê do iceberg perfeito? Felizmente, Alice não estava por perto para ouvir isso.

Outra ideia: arranjar uma maneira de mudar a colônia para o centro da Antártida, onde o gelo era mais denso e mais forte. Embora nenhum dos pinguins tivesse qualquer ideia do tamanho do continente (mais que o dobro do tamanho do Brasil!), uma ave corpulenta observou:

— Acho que ficaríamos muito longe da água. Como eu pegaria meus peixes?

Um pinguim do Conselho de Liderança sugeriu criar uma espécie de "supercola" feita de gordura de orca para colar "muito bem" o iceberg. Ele admitiu que isso não resolveria o problema principal do degelo, mas evitaria o desastre imediato.

Era óbvio que estavam ficando desesperados.

Então, um membro mais velho e muito respeitado da colônia sugeriu que tentassem algo novo:

— Talvez vocês só devessem seguir o exemplo de Fred quando descobriu esse problema terrível, dar uma volta por aí com as mentes e os olhos abertos. Sejam curiosos.

— Vamos tentar fazer isso — concordou o Pinguim Chefe, reconhecendo que precisavam de uma solução inovadora. E foi o que fizeram.

Os pinguins foram para o oeste. Viram belas paredes de neve. Viram famílias fazendo as coisas que as famílias fazem. Escutaram conversas sobre degelo e peixes. Ouviram atentamente as aves que precisavam falar sobre seus medos. Então, cerca de uma hora depois, Fred, sempre muito respeitoso, disse:

— Olhem lá para cima.

Fred estava olhando para uma gaivota. Como normalmente não há gaivotas na Antártida, todos arregalaram os olhos. Um pinguinzinho branco voador? Provavelmente não.

— Fascinante — disse o Professor. — Tenho uma teoria sobre os animais que voam. Vejam bem...

Antes que pudesse continuar, Alice lhe deu um tapinha no ombro. Ele tinha aprendido, dois dias antes, que quando ela fazia isso queria dizer: "Você é maravilhoso, Professor, mas, por favor, cale a boca", então se calou.

— O que é aquilo? — perguntou Buddy.

— Não sei — respondeu Fred —, mas pássaros não são capazes de voar para sempre. Ela deve ter um lar no chão. Mas é tão frio aqui!

Eles concordaram. Se a gaivota tentasse viver com eles, seria transformada numa pedra de gelo em menos de uma semana. Então Fred continuou:

— É possível que esteja completamente perdida, mas não parece assustada. Será que ela vive se mudando de um lugar para o outro? Será que ela é... ?

Fred usou o termo que os pinguins tinham de mais parecido com a palavra "nômade".

— Nós poderíamos...? — perguntou Alice.

— Talvez — respondeu o Pinguim Chefe.

— Fascinante — afirmou o Professor.

— Desculpem-me, mas do que vocês estão falando? — indagou Buddy.

— Estamos falando sobre um estilo de vida novo e muito diferente — resumiu o Pinguim Chefe.

Eles falaram durante horas.

— Se nós...

— Mas então...

— Por que não?

— Talvez, apenas talvez...

— Então, o que faremos? — perguntou Buddy.

— Precisamos pensar nisso com cuidado — disse o Pinguim Chefe.

— Precisamos mudar rapidamente — retorquiu Alice.

— Mas a qualidade do pensamento é mais importante do que a rapidez — observou o Professor.

— Que seja! Mas primeiro devemos descobrir mais sobre aquela ave voadora, e precisamos fazer isso agora — continuou Alice.

O Pinguim Chefe concordou. O Professor foi procurar uma superfície para escrever. Depois todos foram procurar a gaivota.

Fred tinha um quê de Sherlock Holmes, o famoso detetive humano. Em meia hora, encontraram a gaivota.

— Cumprimente a ave — sussurrou Alice para Buddy.

— Olá. Esta é Alice — disse Buddy com naturalidade, apontando para ela, seu tom cordial e gentil. — Estes são Louis, Fred e o Professor. Eu sou Buddy.

A gaivota ficou olhando para eles.

— De onde você veio? — perguntou Buddy. — E o que está procurando aqui? — A gaivota manteve distância, mas não levantou voo.

— Sou uma exploradora. Voo antes do clã procurando onde poderíamos viver — respondeu por fim.

O Professor começou a fazer perguntas — perguntas úteis, embora algumas vezes se desviasse do assunto (e sempre fosse trazido de volta por você sabe quem). A ave contou a eles sobre a vida nômade de seu clã. Falou sobre o que comiam (que, francamente, para os pinguins pareceu praticamente nada) e sobre o que significava ser uma exploradora. Quando começou a ficar azul de frio e a ter dificuldade em falar, despediu-se e foi embora voando.

O Professor e Buddy não estavam muito convencidos de que o que funcionava para as gaivotas funcionaria com os pinguins.

— Nós somos diferentes.

— Elas voam.

— Nós comemos deliciosos peixes frescos.

— Elas parecem comer, bem... eca.

— É claro que somos diferentes — começou Alice, com muito mais diplomacia do que o normal. — Isso significa que não podemos simplesmente imitá-las. Mas a ideia é muito interessante. Posso imaginar como viveríamos. Aprenderíamos a ir de um lugar para o outro. Não ficaríamos para sempre no mesmo lugar. Não tentaríamos consertar icebergs que estão derretendo. Encararíamos o fato de que nosso modo de subsistência não vai durar para sempre.

O Professor fez muitas perguntas. Louis falou pouco, mas pensou muito sobre a ideia e as suas consequências.

— Eu me pergunto por que ninguém teve essa ideia quando soubemos que nosso iceberg estava derretendo — refletiu Alice.

— Certamente alguém na colônia teve. É uma ideia tão... lógica! — observou o Professor. E ao virar a cabeça para a direita, o que viu foi:

Bem, pensou o Professor, *talvez não*.

— Depois de viver da mesma maneira durante tanto tempo, por que deveria ser lógico pensar em um estilo de vida totalmente novo? — ponderou o Pinguim Chefe.

O Professor percebeu que ninguém havia apresentado uma teoria consistente sobre o motivo de o iceberg estar derretendo. Ele havia imaginado que o degelo e a degradação haviam avançado lentamente, durante um longo período de tempo. Mas e se isso não fosse verdade?

E se algo tivesse causado o problema de uma hora para a outra? Mas o que poderia ser? Será que deveria ter insistido com seus companheiros que não se apressassem e fossem mais sistemáticos ao pensar a questão do iceberg? Mas havia tão pouco tempo.

As perguntas não respondidas costumavam perturbar muito o Professor. Mas, naquela noite, não perturbaram. Ele dormiu muito bem, mesmo com tantos problemas. Acreditava que a equipe fora bem-sucedida em delinear a visão de um novo futuro. Um futuro que parecia plausível. Estava (estranhamente) aliviado por Louis, Alice, Fred e Buddy pensarem do mesmo modo.

Espalhando a mensagem

No dia seguinte, ao meio-dia, Louis convocou uma reunião de toda a colônia. Como era de se esperar naquela situação, todos compareceram — e mais uma vez não houve almoço para os cada vez mais desesperados leões-marinhos.

Um Professor empolgado passou a manhã inteira preparando uma espécie de apresentação de PowerPoint com 97 slides para Louis usar ao transmitir sua mensagem. O Pinguim Chefe examinou cuidadosamente o material, que parecia impressionante, e o entregou para Buddy.

— Desculpem-me, mas estou um pouco perdido — disse Buddy após estudar o trabalho do Professor.

Louis perguntou qual era sua dúvida. Buddy lhe disse que começara a ter dúvidas no slide nº 2. Alice fechou os olhos e fez exercícios de respiração.

O Pinguim Chefe examinou novamente a apresentação preparada pelo Professor. Estava muito bem-feita. Mas Louis continuava pensando sobre o desafio de fazer a colônia compreender a mensagem. Qual seria o melhor modo de ele falar com pinguins ansiosos, preocupados, céticos, ligados às tradições ou sem imaginação?

Louis percebeu que precisava experimentar um método diferente, ainda que isso pudesse ser arriscado. Ele não gostava de riscos, mas...

Louis iniciou a reunião da colônia:

— Caros pinguins, ao enfrentarmos este desafio (*e, definitivamente, enfrentaremos*), é mais importante do que nunca nos lembrarmos de *quem realmente somos* — enfatizou ele. A multidão o olhava inexpressiva. — Digam-me, somos pinguins que respeitam profundamente uns aos outros?

Houve silêncio até alguém dizer:

— É claro que sim.

Então outros disseram:

— Sim.

NoNo estava no meio do público tentando descobrir o plano em cogitação. Ainda não era óbvio, e ele não gostou disso.

— E valorizamos muito a disciplina? — continuou Louis.

— Sim — disseram cerca de uma dúzia de aves mais velhas.

— Também temos um forte senso de responsabilidade? — Era difícil negar isso. Eles eram responsáveis há gerações.

— Sim. — Muitos concordaram.

— Acima de tudo, apoiamos a fraternidade e o amor de nossos jovens?

— Sim! — disseram muitos, em voz alta.

O Pinguim Chefe fez uma pausa.

— E digam-me… essas crenças e esses valores que comunicam quem somos e pelos quais tanto zelamos estão ligados a *um grande bloco de gelo*?

Quando algumas aves que não eram particularmente inteligentes, seguindo a sequência de respostas positivas, estavam prestes a dizer "sim" novamente, Alice gritou:

— NÃO!

Ela foi rapidamente seguida pelo Professor, por Fred e por algumas das aves mais jovens. Então, muitos pinguins murmuraram "Não, não, não" para si mesmos.

— Não — concordou Louis.

Todas as aves ficaram quietas, olhando para o Pinguim Chefe. Algumas não tinham ideia de que ele podia ser tão vigoroso e tão comovente.

— Agora eu gostaria de ouvir o Buddy — disse Louis, após outra pausa dramática. — Ele contará a vocês uma história que nos inspirou a pensar em um estilo de vida novo e melhor.

Então, Buddy começou a contar a história da gaivota:

— Ela tem como função ser uma exploradora para a sua espécie. Percorre o território para encontrar bons lugares onde possam viver. *Imaginem só, essas aves são livres! Vão para onde querem.* Vejam bem, muitos, muitos anos atrás elas... — disse Buddy. E então narrou o que sabia da história das gaivotas, sobre como elas viviam e sobre a ave que encontrara. Ele não sabia, mas era um ótimo contador de histórias.

Quando terminou, os pinguins fizeram muitas perguntas. Algumas das aves mais lerdas não acreditavam na ideia de um animal voador. Outras queriam saber todos os detalhes do que a gaivota dissera. Houve muitas discussões paralelas, especialmente sobre "liberdade" e vida nômade. As aves mais inteligentes logo perceberam o que era a nova ideia sem que fosse claramente apresentada.

Louis deixou que falassem durante algum tempo. Então, pigarreou alto e pediu ordem. Quando o falatório acabou, disse convicto à multidão:

— Nós não *somos* este iceberg. Só *vivemos* nele. Somos mais espertos, mais fortes e mais capazes do que as gaivotas. Então, por que não podemos fazer o que fazem, e nos sairmos ainda melhor do que elas? Não estamos presos a esse bloco de gelo. Podemos deixá-lo para trás. Deixar que derreta até ficar do tamanho de um peixe. Deixar que se parta em mil pedaços. Encontraremos lugares mais seguros para viver. Lugares melhores. Se for preciso, nos mudaremos de novo. Nunca mais precisaremos expor nossas famílias ao terrível perigo que enfrentamos agora. *Nós seremos bem-sucedidos!*

A pressão de NoNo chegou a 24 por 16.

No final da reunião, se pudéssemos ter analisado os olhos da multidão, provavelmente concluiríamos que:

- 30% da colônia era capaz de imaginar um novo estilo de vida, estava convencida de que a ideia fazia sentido e, dessa forma, ficou aliviada. Pelo menos um terço deles, 10% da colônia, parecia pronto a se voluntariar, disposto a fazer de tudo para colocar a visão em ação.
- 30% do grupo estava digerindo o que tinha visto e ouvido;
- 20% da colônia estava muito confusa;
- 10% deles estavam desconfiados, mas não eram contra a ideia; e
- 10% estavam como NoNo, convencidos de que aquilo era um total absurdo.

O Pinguim Chefe pensou consigo mesmo: "Muito bom, para começar." E assim encerrou a reunião.

Alice se aproximou de Fred, Buddy e do Professor e disse:

— Sigam-me.

Sendo aves cautelosas, seguiram-na.

Ela explicou rapidamente sua mais nova ideia: criar slogans e colocá-los em cartazes de gelo.

— Precisamos lembrar as aves *o tempo todo* do que lhes dissemos nesta manhã. Foi uma reunião curta. E algumas aves não estavam presentes. Como se trata de uma ideia radical, precisamos disseminá-la melhor, todos os dias, em todos os lugares.

— Tantos cartazes não aborreceriam alguns de nossos amigos? — perguntou-se Buddy, em voz alta.

— Entre aborrecer algumas aves e continuar num iceberg que está derretendo e prestes a explodir cheio de pinguins desesperados; escolho aborrecê-las — disse Alice. E colocado nessa perspectiva...

Eles começaram a fazer os cartazes. A princípio, acharam difícil.

Mas, com a ajuda de aves mais criativas, eles logo pegaram o jeito. Algumas dessas aves eram mais jovens do que Fred e praticamente todas se ofereceram para ajudar assim que souberam que estavam precisando.

Todos os dias, durante uma semana, pelo menos vinte pinguins criavam um novo slogan e o colocavam em cartazes de gelo espalhados por todo o iceberg. Quando não conseguiram mais encontrar lugar para os cartazes, uma ave sugeriu que fossem colocados debaixo d'água, perto de alguns dos pontos de pesca mais populares e fartos. Isso parece um pouco estranho, mas 1) a visão dos pinguins é muito boa debaixo d'água; 2) ainda não havia cartazes ali; 3) quando os pinguins procuram peixes, não conseguem fechar os olhos, mesmo quando ficam aborrecidos.

Buddy entrou em contato com alguns de seus amigos, e eles criaram "rodas de conversa", nas quais Louis, Alice ou Fred puxavam o assunto, e depois todo grupo se expressava sobre a ideia da vida nômade.

— Posso ficar com uns dois grupos — ofereceu-se o Professor. Buddy ficou sem jeito de dizer que essa não era a melhor opção, por isso ficou aliviado quando Alice retorquiu.

— Jordan, você dá palestras incríveis, mas não é disso que precisamos agora. Precisamos que os pinguins se expressem. Entende? — argumentou ela.

— É, faz sentido — admitiu ele, alguns segundos depois, apesar de ligeiramente ressentido.

A reunião dramática, as palavras de Louis ("Nós não somos este iceberg"), a história de Buddy sobre a gaivota, os inúmeros cartazes de gelo e as rodas de conversa começaram a produzir o efeito desejado. Muitas aves, ainda que não todas, começaram a procurá-los para ver e acatar o que deveriam fazer. O comodismo, o medo e a incerteza continuaram diminuindo. O que começara como uma ameaça, tornara-se uma oportunidade, para pelo menos parte dos corações e das mentes da colônia. O otimismo e a empolgação só aumentavam.

Disseminar a nova visão de vida nômade e de um futuro bem diferente foi um sucesso e tanto.

A colônia continuou avançando nessa direção. Dava para ver isso observando as aves.

Boas e más notícias

Cerca de 40 aves começaram a trabalhar em pequenos grupos planejando o processo seletivo das exploradoras, mapeando as viagens em busca de novos icebergs e definindo a logística para o deslocamento da colônia. Louis estava ligeiramente otimista. Principalmente porque muitas aves estavam animadas e se envolvendo ativamente no trabalho.

Na semana seguinte, chegaram boas e más notícias.

Boa: Embora algumas aves ainda estivessem ansiosas, o entusiasmo do grupo de planejadores aumentava cada vez mais.

Na maior parte boa: Mais de uma dúzia de aves manifestara interesse em se tornar "exploradora" e sair em busca de um novo lar para a colônia. Infelizmente, em um primeiro momento, a maior parte do grupo era de adolescentes, que pareciam mais interessados em colocar um pouco de emoção em suas vidas (já que não tinham videogames ou tênis da Nike) do que em encontrar um novo iceberg.

Não tão boa: NoNo e alguns de seus amigos pareciam estar em toda parte prevendo tempestades e correntes perigosas. Muitos pinguins os ignoravam, mas nem todos. Alguns pinguins supervisores, que eram responsáveis por praticamente todo funcionamento da colônia no dia a dia, ouviam NoNo berrar com frequência: "Esse disparate está gerando caos!"

Misteriosa: Alguns dos pinguins mais novos começaram a ter pesadelos. Alice investigou o problema e descobriu que a professora do jardim de infância estava contando a eles histórias de terror sobre orcas medonhas que caçavam filhotes de pinguins. Os pesadelos também afetaram os pais, inclusive alguns que haviam se candidatado a exploradores. Por que a doce professora estava criando esse problema?

Nem tão misteriosa, mas certamente inútil: Alguns membros do Conselho de Liderança insistiram que os exploradores precisariam de um presidente. Quando começaram a fazer campanha para a vaga de Presidente dos Exploradores, nasceu um conflito inoportuno entre os membros do Conselho.

E finalmente...

Notícias muito perturbadoras: Os pinguins precisavam de muita comida, a fim de armazenar gordura para o inverno. Alguns lembraram que a difícil tarefa de desbravar o vasto território ao redor do iceberg deixaria os exploradores sem tempo suficiente para pescar.

Esse problema se tornava muito pior devido a uma antiga tradição da colônia. As aves dividiam seu alimento *apenas* com seus filhotes. Nenhum adulto pegava peixes para outros adultos. De jeito nenhum.

A princípio, as boas notícias superaram o efeito das más. Até que as esquisitices de NoNo, os filhotes amedrontados, a ansiedade entre os pais dos filhotes amedrontados, os conflitos internos do Conselho de Liderança, o olhar de censura de alguns pinguins supervisores e o problema da alimentação dos exploradores começaram a surtir um efeito ruim.

NoNo e alguns de seus amigos se animavam com esses obstáculos. Talvez, se eles se esforçassem um pouco mais...

✳ ✳ ✳

Amanda era uma das aves mais animadas e trabalhadoras do grupo de planejadores. Acreditava na visão de um novo estilo de vida e trabalhava 14 horas por dia para ajudar a torná-lo realidade. Mas seu marido, intimidado por NoNo, exigiu que ela abandonasse o trabalho. Eles tiveram conversas longas e difíceis. Na mesma época, os pesadelos de seus filhos se tornaram tão assustadores que ela chegou a passar metade da noite cuidando deles. Quando Amanda ouviu falar no problema da alimentação dos exploradores, a sua frustração superou o entusiasmo inicial. Sentindo-se incapaz de lidar com obstáculos que fugiam ao seu controle, começou a faltar às reuniões de planejamento.

E ela não foi a única.

Na quinta-feira daquela semana, três outras aves também faltaram às reuniões. Na sexta-feira, esse número aumentou para oito. No sábado, para quinze.

O presidente dessas reuniões de planejamento tentou evitar os afastamentos com a reafirmação clara dos fatos. *O iceberg está derretendo. Devemos nos mudar. Temos uma boa visão. E pouco tempo para implementação.* A lógica era perfeita. Mesmo assim, não surtiu muito efeito no público, que continuava a diminuir.

Alice percebeu que muitas das aves mais animadas começavam a se sentir frustradas diante dos crescentes obstáculos.

— Temos que resolver isso — disse ela a Louis —, e rápido.

Ele concordou.

Buddy, Fred, o Professor, Louis e Alice discutiram a situação, decidiram o que precisava ser feito e resolveram o que cada um deles faria. Esses rápidos arranjos ainda não eram um sinal de pânico, mas não estavam longe de se tornar.

Mesmo quando se encontravam, NoNo estava em toda parte.

— Os deuses estão muito zangados — dizia ele a um grupo após o outro. — Enviarão uma orca gigantesca para comer todos os nossos peixes. Sua boca enorme e horrível partirá nosso iceberg em pedaços e esmagará nossos filhos. Ela provocará ondas de 150 metros. Temos de parar com essa bobagem de "nômades" *imediatamente*.

— Louis puxou NoNo para um canto e lhe disse (sinceramente) que o seu trabalho de previsão do tempo seria ainda mais importante no futuro e que eles precisavam tornar sua abordagem mais científica.

NoNo ouviu, cautelosamente.

— Por isso — disse Louis — pedi ao Professor para nos ajudar.

Irritado, NoNo se virou para ir embora e descobriu que o Professor já estava ao seu lado.

— Você leu o artigo de Himlish sobre traumas em icebergs? — perguntou o Professor. — Acho que foi publicado no final da década de 1960.

NoNo saiu correndo. O Professor o seguiu. E *todo lugar* aonde NoNo ia...

De modo muito direto, Louis também trabalhou para acabar com aquele lobby de candidatos a Presidente dos Exploradores. Foi uma discussão breve e muito firme:
— Basta! — disse ele.

Alice queria acertar a cabeça de alguns pinguins supervisores por estarem agindo como NoNo e dificultando a vida daqueles que estavam tentando ajudar. Mas pensou melhor e, apesar de hesitante, escolheu um caminho diferente.

Na reunião seguinte dos pinguins supervisores, após uma palavra inicial sobre os riscos envolvidos em não se mudarem logo para um futuro novo e diferente, Alice chamou três deles à frente. Ela explicou a todos que ouvira dizer que aqueles três estavam ajudando muito ao apoiar o trabalho extra que estava sendo realizado por algumas aves empolgadas em resolver o problema do degelo. Alice apertou as barbatanas de cada um dos três, agradecendo-os e elogiando-os.

Essa reunião não teve o menor efeito em NoNo e seus fiéis aliados. Mas claramente fez a maior partes deles parar e refletir.

Buddy explicou a Louis, Fred, Alice e ao Professor que queria conversar com a professora do jardim de infância. Eles logo gostaram da ideia, incluindo o Professor, que ficou maravilhado de Buddy conseguir pensar numa estratégia tão inteligente.

Então, o pinguim mais benquisto procurou a professora. Sem hesitar, ela falou sobre seus temores, que claramente a fizeram escolher as assustadoras histórias que lia para as crianças.

— Com toda essa mudança — disse quase soluçando —, a colônia pode não precisar de um jardim de infância. Po-pode... não precisar de uma professora que está um tanto velha para se adaptar a uma nova vida. — Ela estava bastante abalada, e Buddy foi muito atencioso. Esperou-a terminar de falar para responder.

— Não. Os pequenos pinguins terão muito *mais* a aprender em um mundo sempre novo. Um jardim de infância será ainda *mais* importante.

Ela se acalmou um pouco. Buddy continuou a falar sobre o papel essencial do ensino escolar quando todas as mudanças estivessem acontecendo.

— Tenho certeza — concluiu ele com total sinceridade — de que você será capaz de ensinar tudo o que for necessário. É uma ótima professora. Se precisar fazer ajustes aqui e ali, sei que os fará bem, porque você se preocupa muito com os pequenos pinguins.

Ele era tranquilizador. Paciente. Repetiu calma e sinceramente várias vezes sua mensagem. A professora se sentiu tão aliviada e feliz que teve vontade de beijá-lo.

Foi uma cena realmente tocante.

Tudo o que foi feito por Louis, pelo Professor e por Buddy — além do que foi feito por Fred e Alice — alcançou um efeito imediato.

NoNo não criou nenhum novo problema (embora tivesse vontade de atrapalhar). Aonde ele ia, o Professor ia atrás, falando sem parar.

— Uma regressão de seis variáveis mostrou...

— Se não parar de me seguir — gritava NoNo —, vou...

— Sim, sim. Agora preste muita atenção neste ponto. A regressão...

— Aaaggggh...

Após conversar com Buddy, a professora do jardim de infância reuniu seus jovens alunos para contar histórias de heróis que ajudam os que estão em situação difícil e de mudança. Descobriu ótimas histórias, que contou com entusiasmo.

Ela disse aos alunos que a colônia precisaria de heróis para lidar com novos desafios, e que todos, inclusive o mais jovem deles, poderiam ajudar. Os alunos adoraram a ideia.

Naquela mesma noite, a maioria dos pesadelos desapareceu.

O número de pinguins trabalhando ativamente no grupo principal havia caído de 35 para 18. Mas agora, com os obstáculos sendo removidos e com cada vez menos aves se sentindo frustradas, distraídas ou impotentes, os números voltaram a subir.

Louis calculou que precisariam de cerca de cinquenta aves para terminar todo o trabalho rapidamente. Ele ainda não tinha cinquenta, mas estava no caminho certo para alcançar esse número.

Sally Ann era apenas uma aluna do jardim de infância. Sua cabecinha estava repleta das novas histórias positivas. Quando andava com seu passinho gingado da escola para casa, viu Alice. Como as crianças fazem quando não sabem reconhecer seus próprios limites, ela se aproximou daquela ave importante e disse:

— Com licença. Como posso me tornar uma heroína?

Alice parou e olhou para ela. Preocupada com o degelo, com o ânimo da colônia e com o problema da alimentação das aves exploradoras, ela mal ouviu a pergunta. Sally Ann a repetiu. Em vez de afagar sua cabecinha e dizer "Vá para casa ficar com sua mãe", Alice respondeu:

— Se você conseguir fazer seus pais entenderem que o Pinguim Chefe precisa da ajuda deles, principalmente com a pesca que alimentará as aves exploradoras, será uma verdadeira heroína.

— Só isso? — perguntou a pequena ave, com a auspiciosa ingenuidade das crianças.

No dia seguinte, Sally Ann conversou com seus amigos. E ela tinha muitos. Nessas conversas surgiu uma ideia de como as crianças poderiam ajudar a colônia a tornar a vida nômade uma realidade. A professora do jardim de infância cancelou algumas aulas regulares — quebrou algumas regras — e ajudou a aprimorar a ideia das crianças, que passou a se chamar "Tributo ao Dia de Nossos Heróis".

Alguns pais ficaram nervosos com tanta agitação. Derrubar barreiras para que <u>todos</u>, até mesmo as crianças, se sentissem <u>capazes</u> era algo sem precedentes na colônia. Mas as crianças adoraram.

Os exploradores

Louis entedeu que precisariam de mais evidências, e o mais rápido possível, de que seus esforços estavam no caminho certo.

Então, pediu a Fred que escolhesse um pequeno grupo de elite. Aves atléticas e altamente motivadas, que comporiam a primeira onda de exploradores, enviada em busca de possíveis novos lares.

— Assim que possível, a colônia precisa perceber que mais mudanças estão acontecendo — disse o Pinguim Chefe para Fred. — E devemos fazer de tudo para ajudar os exploradores a encontrar meios de se protegerem. Precisamos que todas essas aves voltem em segurança o mais rápido possível. Uma única ave faltando aumentará o medo e dará forças às advertências de NoNo. Lembrem-se de que eles não precisam escolher um novo lar, apenas descobrir algumas possibilidades.

Considerando todas as incertezas e ameaças envolvidas, foi difícil acreditar no grande número de voluntários. De um grupo enorme de aves que se disseram mais do que dispostas a encarar a tarefa, Fred escolheu um grupo de pinguins fortes, inteligentes e muito empolgados.

O maior desafio da colônia era conseguir bastante peixe fresco para alimentar os exploradores que estariam cansados e famintos quando voltassem para casa. Eles precisariam imediatamente de uma enorme refeição de até nove quilos, o que parece inacreditável, mas um pinguim pode comer essa quantidade de peixe facilmente de uma só vez.

Mas... havia aquela tradição muito antiga na colônia de as aves: 1) dividirem seu alimento com os filhotes; 2) dividirem seu alimento *apenas* com os próprios filhotes.

Então, quem pescaria para os exploradores?

Na falta de soluções práticas, Sally Ann, a pequena aluna do jardim de infância, apresentou sua ideia do "Tributo ao Dia de Nossos Heróis".

Essa celebração incluiria uma rifa, shows, uma banda de música e um bazar. O preço do ingresso era uma inovação: dois peixes por adulto.

As jovens aves contaram sobre o dia festivo para seus pais. Como você pode imaginar, alguns adultos, preocupados, não conseguiram entender o que estavam ouvindo, outros não gostaram nada da ideia e outros sequer sabiam que os exploradores tinham deixado o iceberg. Ainda assim, não foram poucos os que ficaram orgulhosos de seus filhos por serem criativos em um momento de necessidade.

Mesmo assim, os pais ainda não estavam tão à vontade. Dividir seu alimento apenas com seus filhotes era uma tradição muito, muito antiga. Por isso os criativos jovens precisaram deixar claro que ficariam *extremamente* envergonhados se 1) seus pais não fossem ao Dia dos Heróis e 2) se cada mãe e pai não levasse dois peixes para pagar o ingresso.

Assim que alguns pais cederam e anunciaram que levariam os peixes, outros decidiram fazer o mesmo. A pressão social funciona tão bem nas colônias de pinguins quanto nas colônias humanas.

Louis agendou o Dia dos Heróis para coincidir com a chegada dos exploradores de volta a casa. Desde o início da manhã até o final da tarde, o evento foi um grande sucesso. Os jogos, a banda, a rifa e as outras atividades foram muito divertidas. Mas o clímax veio no final, quando as aves esperaram pelos exploradores.

Para NoNo, metade dos exploradores não voltaria:

— Comida de baleia — disse a quantos puderam ouvi-lo. — Os tolos não acharão o caminho de volta. — Algumas aves concordaram, por isso ele continuou a dizer aquilo. NoNo era nunca trabalhou tanto quanto naquele dia.

Alguns membros da colônia ficaram nervosos, mesmo sem acreditar nas esquisitices de NoNo, outros continuavam não acreditando no sucesso daquele esforço. Tudo isso tornou o final do dia ainda mais dramático.

Todos os exploradores voltaram, um após o outro, embora um estivesse gravemente ferido e alguns parecessem estar à beira da morte. Alice havia organizado um grupo para cuidar dos feridos. E assim o fizeram.

Quase imediatamente após sua chegada, os exploradores começaram a contar histórias surpreendentes sobre o mar, sobre nadar longas distâncias e sobre os novos icebergs que tinham visto. Todos se reuniram ao redor deles.

Como estavam famintos, eles comeram rápida e alegremente os peixes que os outros pinguins tinham levado ao evento. Mesmo enquanto se empanturravam, era possível ver que a maioria deles estava extremamente animada com o que tinha feito. Quando terminaram, Sally Ann e seus amiguinhos deram fitas para os exploradores pendurarem em seus pescoços. Todas as fitas feitas pelas crianças tinham medalhas de gelo brilhantes com uma simples inscrição: "HERÓI".

A multidão aplaudiu. E os exploradores deram enormes sorrisos (pelo menos até onde um pinguim pode fazer isso).

Louis chamou a criança que teve a ideia que acabou se transformando no dia festivo. Diante da colônia, ele declarou:

— E esta é nossa mais jovem heroína. — E entregou a Sally Ann a garrafa quebrada que se tornara uma lenda desde que foi mostrada pela primeira vez a todas as aves. A multidão aplaudiu com entusiasmo.

Sally derramou pequenas lágrimas de alegria. Seus pais ficaram cheios de orgulho. Alice estava feliz como não se sentia havia alguns anos.

Os papos continuaram até tarde da noite, bem depois de as crianças serem postas na cama. Muitos na colônia continuavam maravilhados com o que os exploradores diziam, mesmo quando ouviam tudo aquilo pela segunda ou terceira vez. Muitas das aves ainda desconfiadas com a ideia de uma vida nômade passaram a acreditar mais nela. As aves que já estavam animadas ficaram ainda mais. Tudo porque, diante de circunstâncias adversas, a colônia dera aquele passo tão importante.

Fred e os exploradores foram bem-sucedidos ao criar o que um pinguim (que soava como alguém com pós--graduação) chamou de "vitória a curto prazo". E isso foi uma grande vitória.

NoNo não estava à vista. Ele parecia ter sido magicamente substituído pelos exploradores usando fitas com medalhas.

A segunda onda

Na manhã seguinte, Louis convocou uma reunião dos exploradores. O Professor também foi convidado.

— O que vocês descobriram? — perguntou o Pinguim Chefe às aves. — Quais são os icebergs grandes o suficiente, e capazes de proteger nossos ovos durante o inverno, e, entre eles, quais estão em boas condições e perto o bastante para nossos filhos e idosos viajarem em segurança até lá?

Os exploradores falaram sobre as descobertas. O Professor fez uma pergunta após a outra para separar as meras opiniões dos fatos. Seu estilo não o tornava popular entre todas as aves — e ele não dava a mínima para isso —, mas era muito eficiente.

Depois do Dia dos Heróis, mais aves se voluntariaram para formar a segunda onda de exploradores, embora sua tarefa de escolher um único iceberg pudesse ser muito difícil. Louis escolheu uma equipe e a enviou para explorar as descobertas mais promissoras da primeira onda de exploradores.

Poucos eram os ainda descrentes na colônia. Alguns pinguins ainda tinham reservas, muitas das quais justificáveis. Outros eram apenas nervosos por natureza.

Quase ninguém mais prestava atenção em NoNo.

Alice exigia a manutenção do ritmo de trabalho. Alguns do Conselho de Liderança se queixaram de que não tinham tempo para lidar com todas as questões que surgiam. Alice salientou que metade das reuniões tradicionais do Conselho de Liderança era irrelevante:

— Esqueçam-se delas — disse ela claramente. Foi o que Louis fez.

Em determinado ponto, até mesmo o Pinguim Chefe sugeriu que talvez eles devessem ir mais devagar. Mas Alice não quis ouvir falar naquilo.

— Nós estamos sempre correndo o risco de perder nossa coragem. Algumas aves já estão sugerindo esperarmos até o próximo inverno. Então, se ainda estivermos vivos, elas dirão que exageramos quanto aos perigos e que a mudança é desnecessária.

Aquele foi um bom argumento.

A segunda onda de exploradores encontrou um iceberg que parecia perfeito por vários motivos. São eles:

- Um lar seguro. Nenhuma evidência de degelo ou cavernas cheias d'água.
- Equipado com uma alta parede de neve para protegê--los das tempestades de gelo.
- Bom pesqueiro.
- Pequenos icebergs ou placas de gelo ao longo do caminho em quantidade suficiente para proporcionar aos pinguins mais jovens e idosos algum descanso durante a viagem.

Os exploradores voltaram orgulhosos, animados e muito felizes. O restante da colônia também ficou orgulhoso, animado e feliz em vê-los de volta.

A esta altura, a tarefa de juntar peixes para os exploradores já começava a parecer parte da rotina normal. Muitos pinguins ajudavam. Tudo isso era um tanto surpreendente.

Pediu-se ao Professor uma avaliação mais científica sobre o recém-descoberto bloco de gelo e neve. Ele não se animou com a tarefa. Estava acima do peso, e a viagem até o novo iceberg era longa. Mas, depois de uma conversa tranquila com Louis (e não tão tranquila com Alice), o Professor anunciou que estava pronto para acompanhar um grupo de exploradores. E foi o que fez.

Enquanto isso, a colônia estava ocupada com outras rotinas importantes e, ainda assim, agradáveis, como a de gerar novos pinguinzinhos.

E assim, no dia 12 de maio, pouco antes do início do inverno antártico, as aves começaram sua mudança para o novo lar. Já não era sem tempo.

Houve momentos em que a mudança foi bem confusa. Em determinado ponto, alguns pinguins se perderam, e todos se desesperaram. Mas eles encontraram o caminho certo e, na maior parte do tempo, tudo correu tão bem quanto se poderia esperar.

Graças à sua competente liderança, Louis passou a ser muito admirado pela colônia. Mas conseguiu não deixar que seu orgulho se transformasse em arrogância.

Buddy acalmava os preocupados, encorajava os enfraquecidos e, provavelmente, mais umas dez aves fêmeas se apaixonaram por ele (mas essa é outra história).

Quando ninguém era capaz de pensar em uma solução para um novo problema, Fred era chamado para mostrar sua imensa criatividade.

O Professor adorou sua nova posição na colônia. Chegou mesmo a descobrir que, estranhamente, era admirado por aves que para ele pareciam não ter cérebro.

Alice parecia viver com três horas de sono por dia. E NoNo previu desgraças até o último segundo.

O inverno passou. A colônia teve problemas. Seu novo lar era diferente do antigo. Os melhores pesqueiros eram em lugares desconhecidos, e o vento ricocheteava imprevisível nas paredes de neve. Mas os problemas não foram tantos quanto as aves mais ansiosas receavam.

Já na primavera, os exploradores encontraram um iceberg ainda melhor, maior e com pesqueiros mais abundantes. E, embora sentissem vontade de declarar que a colônia já havia passado por mudanças demais e deveria permanecer em seu novo lar, eles não fizeram isso. Mudaram-se de novo. Foi um passo essencial: não voltar a se acomodar e não desistir.

Como todos podem imaginar, a preparação para a segunda mudança foi muito menos traumática do que para a primeira.

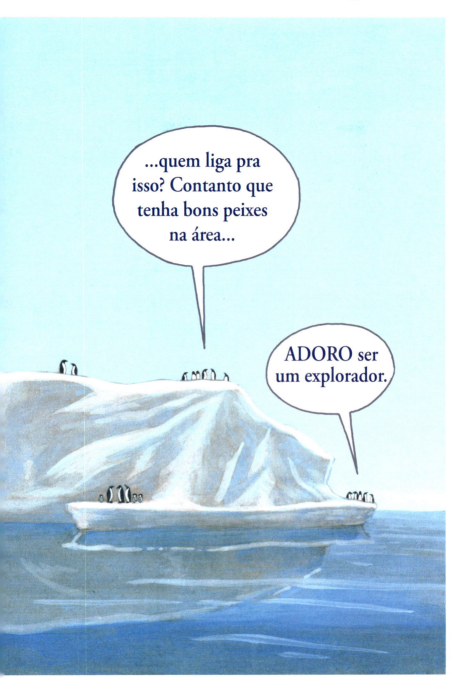

A maior mudança

Você poderia pensar que nossa história está terminando. Mas ainda não.

Algumas aves começaram a falar sobre como tinham descoberto o iceberg perfeito dessa vez e por isso...

Não é fácil acabar com a tradição. É difícil transformar a cultura tanto nas colônias de pinguins quanto nas colônias humanas. Mas, nessa colônia, a cultura mudou, e de várias formas.

Louis, Buddy, Fred, Alice e o Professor continuavam se reunindo. Pinguins como Sally Ann, algumas aves que ajudaram Alice com os cartazes de gelo, vários exploradores e muitas outras aves resolveram que, como tinham gostado do resultado de seus esforços, não queriam parar de fazer *isso*. No vocabulário dos pinguins, não existia uma boa palavra para descrever o que era "isso". Usando um jargão administrativo, digamos que seria algo como "agentes de mudança" (podemos usar uma expressão ainda melhor, mas falaremos dela mais adiante). E, hesitante, Louis não os impediu de continuarem fazendo *isso*.

Com o apoio do Professor e de sua lógica implacável, Alice convenceu Louis a reorganizar o Conselho de Liderança. Ele relutou em fazer qualquer coisa que demonstrasse desrespeito pelas aves que trabalharam tanto durante anos para ajudar e servir a colônia. Não era fácil fazer as mudanças e, ao mesmo tempo, preservar a dignidade de todos. Mas Alice foi insistente, e quando isso acontecia, bem, vocês sabem.

Um dos primeiros exploradores foi taxativo ao afirmar que precisavam de um processo seletivo mais rigoroso para o time de exploradores. O que agora era essencial, já que muitos pinguins queriam essa função! Então, ele, o Professor, Fred e uma outra ave (chamada Felix) criaram um rígido processo de seleção, que foi aprovado por Alice e Louis.

Outro grupo sugeriu que os exploradores passassem a receber mais peixes. Não porque eles precisavam (até porque não podiam estar acima do peso, isso reduziria sua velocidade e os deixaria sem fôlego), mas porque mereciam sincero reconhecimento pelo que haviam feito.

O sistema de ensino dos pinguins tornou a palavra "Explorador" parte do currículo escolar, além de várias novas matérias. Quatro aves, uma delas era a professora do jardim de infância, se ofereceram animadas para elaborar propostas.

Por insistência de Alice e outras aves, o Professor assumiu o cargo de diretor da previsão do tempo. A princípio, não quis, mas quando aceitou, colocou "ciência de verdade" no trabalho e passou a adorá-lo.

Dois dos exploradores mais respeitados argumentaram (na verdade, tagarelaram sem parar) que Fred deveria ser convidado a servir no Conselho de Liderança como Presidente dos Exploradores. Alice e Louis adoraram a ideia. Fred se sentiu honrado e aceitou.

Ofereceram vários cargos mais importantes a Buddy. Ele não aceitou nenhum, mas ajudou o Conselho de Liderança a encontrar outros bons candidatos. Sua falta de ambição passou a ser vista como grande humildade. As aves passaram a gostar ainda mais dele.

Louis se aposentou e era como um avô para toda a colônia. Conseguia usufruir de seu tempo livre como nunca imaginara. Alice, agora um pouco mais comedida, assumiu o posto de Pinguim Chefe.

Com o decorrer do tempo, a colônia prosperou. E só fez crescer e crescer. Eles se tornaram mais habilidosos para lidar com perigos e aproveitar novas oportunidades. E parte disso era mérito do que aprenderam a respeito de sobrevivência em sua aventura para fugir do degelo.

Sally Ann e um grupo de amigas da sua mãe se encontravam de vez em quando e conversavam sobre não deixar que o comodismo se instalasse de novo no coração e na mente dos pinguins. Eles começaram a ver que se acomodar poderia ser mortal para uma vivência nômade em um mundo hostil. Elas nem pediram a permissão de Alice para isso, o que para algumas não era certo, mas se reuniam assim mesmo.

Sempre havia tensão entre os pinguins que achavam que deviam manter as coisas como estavam e os que tinham pressa em fazer as mudanças necessárias acontecerem. Mas, por instinto, a maioria dos pinguins compreendiam que esses dois perfis eram essenciais para que prosperassem nessa nova era. Alice abria espaços em sua agenda apertada para dar atenção àqueles que apresentavam interesse em se especializar em ambos e, por mais desagradável que fosse, também àqueles que, digamos, eram mais lentos.

Vovô Louis virou o professor preferido da colônia. As aves mais jovens sempre pediam que ele lhes contasse a história da Primeira Grande Mudança. A princípio, não gostou da ideia, pois ficou com medo de parecer um velho se vangloriando de sucessos passados, fossem eles reais ou imaginários. Mas finalmente viu a utilidade de passar para a geração seguinte mais informações sobre os passos que a colônia tinha dado e ainda dava para encarar mudanças e como muitos agiram como líderes para ajudar na sobrevivência da colônia.

Embora Louis nunca dissesse tão explicitamente enquanto contava a história, achava que a maior mudança de todas havia sido no modo como tanto membros da colônia já não tinham mais tanto medo de mudar. Havia agora um exército de voluntários, que eram uma força irresistível de mudança. E nenhum daqueles pinguins incríveis perderia a empolgação e o aprendizado que envolvem toda a colônia quando eles se unem para criar algo extraordinário.

O ex-Pinguim Chefe achava especialmente incrível o que os pinguins mais jovens já estavam fazendo para ajudar a colônia. E, por isso, ele os amava ainda mais.

FIM
(da história, não do livro)

A mudança e o sucesso

Esperamos que tenha gostado do livro. Se é o tipo de pessoa que já está com a mente a mil, cheia de ideias que você pode aplicar na sua realidade a partir de reflexões sobre a história, sugerimos que pare de ler e já comece a colocá-las em prática. Confie nos seus instintos. E melhore sua vida no seu trabalho e no seu lar!

Se você gostaria de mais ideias sobre como aplicar essa história, a seguir damos nossas humildes sugestões.

Os pinguins e você

Os personagens principais da nossa fábula têm muito em comum com as pessoas que conhecemos e, talvez, até com você mesmo. Então, primeiro, pense em que ave da história tem o comportamento mais parecido com o seu.

Você é um Fred? Uma Alice? Um Louis? Um Buddy? Um Professor? Um voluntário animado, como Sally Ann? Ou talvez seja a combinação de dois pássaros? Talvez seja mais Fred, com traços marcantes de Louis ao fundo?

Sempre que estiver atrás de ideias novas e ousadas, é muito possível que apareçam alguns NoNos no seu caminho. Eles vão testar sua coragem e seu empenho.

Os heróis da história contribuem de maneiras diferentes para o sucesso da colônia. Nenhum deles é perfeito. E todos são necessários. Então você pode se perguntar: Quais os outros pássaros necessários para complementar meus talentos e minhas possíveis limitações? Meditar sobre isso pode ser um ótimo exercício.

O processo da mudança bem--sucedida em oito passos

Mais e mais pessoas têm se deparado com o degelo de seus icebergs. Isso gera riscos e oportunidades numa escala que só tem uma direção: para cima. Esse degelo pode acontecer das mais variadas formas: linhas de produtos que estão desatualizadas, escolas que estão ficando irrelevantes, serviços com queda na qualidade, estratégias de negócios que fazem cada vez menos sentido. E com frequência nos sentimos sobrecarregados e despreparados para lidar com todas as consequências decorrentes.

A forma específica que nossos amigos da Antártida usaram para resolver o problema e transformá-lo em oportunidade é, na verdade, encontrada nas empresas mais bem-sucedidas e inovadoras atualmente. Independentemente se têm cem ou 100 mil funcionários, se são públicas ou privadas, ou se funcionam com tecnologia de ponta ou não.

Segue um resumo para lhe ajudar a encabeçar mudanças. Ele é composto de oito passos para ser bem-sucedido na implementação de mudanças, e requer que você os relacione com sua situação. Quem são os Freds que veem as oportunidades e ameaças (seu iceberg) diante do grupo e são proativos ao confrontá-las? Eles contam com Alices para fazerem suas vozes serem ouvidas? Como nossos amigos pinguins deram o primeiro passo? E o segundo passo? E os passos seis e oito?

Depois leve isso para o mundo real. Onde você se encontra, levando em consideração a mudança e o processo de implementação da estratégia? Em que áreas você já progrediu? Quais barreiras freiam sua mudança? No momento, quais passos precisam da sua energia e atenção? Sinceramente, avaliar sua situação e pensar sobre essas questões periodicamente é sempre útil.

CRIE A ESTRUTURA

1. **Gere um sentimento de urgência.**

Ajude outros a enxergarem a necessidade de mudança e a importância de uma ação imediata. Desenvolva a habilidade de transformar suas energias em ações.

Considere: Temos um *motivo* bom o suficiente para explicar a mudança? Temos um número suficiente de pessoas que acreditam que devemos agir? Temos uma réplica do nosso iceberg? Ou uma garrafa para ajudar os outros a enxergar e sentir a necessidade de mudança?

2. **Reúna a equipe orientadora.**

Certifique-se de que um grupo forte vai orientar a mudança — um grupo com habilidades de análise e de liderança, credibilidade, autoridade, capacidade de comunicação e consciência da urgência.

Considere: Temos um grupo central de pinguins (como Louis, Alice, Buddy, Fred e o Professor) que compartilham a consciência de urgência? Eles estão fazendo um bom trabalho de equipe? Ou precisam caçar lulas?

DECIDA O QUE FAZER

3. **Desenvolva a visão da mudança e a estratégia.**

Esclareça como o futuro será diferente do passado e como é possível torná-lo realidade.

Considere: Qual seria o equivalente a virar nômade ou a ser "livre"? Essa visão de futuro é atrativa o suficiente? Temos um caminho confiável para alcançar esse objetivo? Temos um guia como a gaivota? Ou um modelo do qual podemos aprender?

FAÇA ACONTECER

4. **Comunique-se para ser entendido e apoiado.**

Faça com que o maior número possível de pessoas entenda e aceite a estratégia. Vá além de "frear a resistência", consiga mais e mais pessoas que queiram lhe ajudar.

Considere: Temos alguma estratégia de comunicação como os cartazes de gelo ou as rodas de conversa? Um bom número de pessoas de todas os níveis da empresa está ajudando a propagar a mensagem?

5. **Divida as responsabilidades.**

Remova o máximo possível de obstáculos, facilitando a ajuda de todos que querem tornar a mudança uma realidade. Encoraje as pessoas a removerem esses obstáculos e realizar verdadeiros avanços.

Considere: Quem são os planejadores e os exploradores que acreditam na visão e querem torná-la real? Deixamos claro em que área queremos e precisamos de sua ajuda? Temos pessoas o suficiente? Um plano para lidar com os NoNos? E com os pinguins chorões do jardim de infância? E com os outros obstáculos para o sucesso?

6. **Apresente vitórias em curto prazo.**

Divulgue sucessos que sejam visíveis e inequívocos assim que eles acontecerem. Olhe para acontecimentos que façam o hoje melhor do que o ontem, e o amanhã ainda melhor que o hoje. E comunique e celebre essas "vitórias" sempre que possível.

Considere: Demos um primeiro objetivo para que os exploradores o alcancem com rapidez o suficiente para convencer os céticos? Podemos organizar algo parecido com o Dia dos Heróis para reconhecerem as contribuições dos nossos heróis e celebrar os avanços?

7. **Não relaxe.**

Pressione cada vez mais após as primeiras vitórias. Inicie mudança após mudança até que a visão se torne realidade.

Considere: Já elevamos o nível de dificuldade para a próxima onda de exploradores? Quais reuniões já não são mais necessárias e podem ser canceladas para não nos cansarmos ainda mais? O que mais podemos fazer para manter o ritmo?

SOLIDIFIQUE A MUDANÇA

8. **Crie uma nova cultura.**

Mantenha os novos comportamentos e certifique-se de que serão bem-sucedidos até se tornarem fortes o suficiente para substituir as antigas tradições. Melhor ainda, torne-os parte central do seu dia a dia. Isso vai lhe ajudar a se adaptar a um mundo que muda cada vez mais rápido.

Considere: Estamos colocando as pessoas que ajudaram a mudança acontecer em posições de liderança? Os exploradores foram recompensados? Como podemos institucionalizar a mudança, algo como adicionar a exploração ao currículo escolar?

O poder das rodas de conversa

Por fim, considere o poder das rodas de conversa. Pouquíssimas equipes que passam pelo processo de mudança compartilham um mapa mental ou até mesmo "falam a mesma língua" ao discutir sobre os desafios previsíveis que enfrentam e as formas de lidar com eles. A palavra "alinhamento" é muito usada atualmente, e começa aqui. Então, compartilhe esse livro com um grupo do trabalho. Depois marque um horário para conversarem sobre ele. Ou discuta-o na próxima reunião que já está agendada.

Na última década, vimos inúmeras reuniões produtivas desse tipo. Abaixo estão alguns exemplos desses diálogos. Na vida real, cada um deles acontece em poucos minutos, e é impossível lembrar de todos os detalhes com perfeição. Nossa ideia aqui é apenas passar uma noção do que é possível e encorajá-lo a pensar em como conduzir uma conversa que pode ajudar a você e a sua equipe.

1º case: Às vezes icebergs derretem bem devagar.

Nesse primeiro case, cerca de doze pessoas se reuniram numa sala de reunião por uma hora e meia. A tarefa a ser realizada antes da reunião era ler o livro e refletir sobre os esforços feitos por sua empresa para gerar mudanças no passado recente. O objetivo era aprender ainda mais a partir das experiências uns dos outros. Uma parte da conversa, no início da reunião, foi mais ou menos assim:

— Então, de três a cinco anos atrás, será que alguns icebergs derreteram por aqui? — perguntou uma das pessoas.

— Claro — respondeu rápido uma outra.

— Acho que o mais óbvio tem a ver com a satisfação de nossos clientes. Não foi nada tão dramático quanto o iceberg dos pinguins, que poderia explodir em poucos meses. Mas creio que isso foi parte do nosso problema. Nosso iceberg foi desmoronando tão lentamente, por tantos anos, que nunca vivemos o drama ou mesmo percebemos o problema.

— Mas os pinguins tiveram esse mesmo problema. O iceberg vinha derretendo tão devagar que era difícil admitir. Então, quando alguém chamou atenção para o problema, a tendência natural foi perguntarem: "você tem provas disso?

Do que está falando?" Além de culparem outras pessoas e darem justificativas simplistas para os problemas, dizendo que a minúscula queda em relação a satisfação dos clientes (ou qualquer resultado relevante) é só uma questão que logo irá se resolver. Ou ainda, que estamos focando apenas nos resultados negativos, que poderíamos fazer muitos comentários positivos sobre o nível de nosso serviço.

— É fácil olhar para trás e enxergar isso. Mas na época não era.

— Acho que nosso maior problema foi o longo período de sucesso da empresa. Então ficamos orgulhosos e confortáveis.

— Houve algum Fred?

— Claro. Sullivan era um Fred. E Tammy também.

— Verdade. Mas acho que eles deram alguns deslizes e acabaram desistindo. Não estou criticando, até porque para eles deve ter sido bem ruim cometer aqueles deslizes.

— Mas a grande questão aqui não é justamente o fato de ser extremamente fácil (assim como foi com os pinguins) não perceber o problema ou ignorar os avisos quando o degelo acontece devagar ou sem drama?

[Nota dos autores: Viu como a linguagem do "iceberg" consegue facilitar a conversa.]

2º case: Não escolha qualquer pessoa. Escolha as pessoas de que você precisa.

Outro exemplo de reunião, num lugar e num momento diferentes:

— Alguém notou exemplos de mudanças significativas que foram bem-sucedidas?

— Acho que em pouco tempo a equipe de Cara foi muito bem-sucedida em muitas coisas, cerca de dois anos atrás. E, como sabemos, funcionou muito bem.

— Concordo.

— Então, como eles conseguiram isso?

— Pelo menos parte de seu sucesso teve a ver com o grupo que liderou as mudanças.

— O que quer dizer com isso?

— Cara era um tipo de Louis. Sua Alice era o George Karter.

— E ela tinha um Fred. Talvez mais de um.

— Sim, Song era um Fred. Era um funcionário novo, cheio de ideias. Às vezes um pouco ingênuo, mas muito criativo.

— E Tim parecia muito com o Professor.

— E Rodriguez com Buddy.

— Será que ela os escolheu tão deliberadamente quanto o Pinguim Chefe? — E essa foi uma pergunta que ninguém soube responder.

— Conhecendo o estilo de Cara, aposto que ela não apenas os avisou que faziam parte da nova força-tarefa que transformaria o TI. Aposto que falou com eles individualmente, deixando claro que se algum deles achasse que estava muito atarefado ou que já era responsável por muitos projetos diferentes (ou qualquer outro motivo), eles poderiam recusar a oferta. Sua vontade era apenas ter uma equipe que quisesse estar ali, e que por isso teria o impulso e a disposição de fazer tudo que fosse possível para que o projeto desse certo. Exatamente o que o Pinguim Chefe fez.

— Verdade.

— Que personagem é mais parecido com você? — perguntou alguém para a pessoa que acabara de dizer "verdade".

— Eu?

— Sim.

— O que você acha?

— Acho que 70% Fred e 30% Buddy — respondeu, e algumas pessoas concordaram.

— Alguém no nosso grupo se comporta como NoNo? — De imediato, quase todos olharam para um dos homens na sala.

— Não é para tanto! — disse ele ao perceber a reação geral.

[Nota dos autores: Nunca subestime o poder das risadas verdadeiras (as debochadas não contam). Elas reduzem o estresse e a necessidade de ficar na defensiva, além de estimularem conversas importantes e difíceis.]

3º case: E o maior inimigo de qualquer mudança é...?

Mais um pequeno diálogo. Outra empresa, outro momento e lugar:

— Qual vocês acham que foi nosso maior erro ao iniciar mudanças?

— Essa eu consigo responder com tranquilidade. Foi o projeto Jump Forward — respondeu um funcionário, e metade das pessoas que estavam na sala logo concordou.

— E por que foi um fracasso tão grande?

— Acho que nunca construíram um sentimento de urgência real. Só montaram um escritório para o projeto, apresentaram um plano e delegaram partes do plano para as pessoas realizarem. Mas duvido que metade das pessoas enxergassem o propósito ou a importância do projeto. Algumas acharam que era um erro. Outras que estavam muito ocupadas para dar a devida atenção. Então, por mais que os envolvidos trabalhassem muito, acabou afundando rápido.

— Será que alguém tentou construir uma consciência de urgência?

— Se tentaram, foi algo bem diferente do episódio da garrafa de vidro, ou da escultura de gelo, ou do discurso inflamado de Louis, ou do Dia dos Heróis que ajudou a transformar a visão dos que não acreditavam na mudança.

— Lembro que até repassaram algum tipo de informação no início. Algo sobre a necessidade de mudanças significativas. Mas não foi muita coisa. Só um comunicado do chefe, com várias outras informações. Mas, como você disse, nada parecido com os esforços dos pinguins.

— Penso que o problema de todo esse projeto foi a falta de comunicação. Não havia nada que lembrasse os cartazes nos pontos pesca onde os pinguins nadavam quase todo dia. Não houve esforço contínuo, nem muitas pessoas ajudando. Não houve quase nada, na verdade.

— Deve ter havido algum tipo de relatório de atualização do projeto.

— Sem dúvida. Mas aposto que foi só para chefes de departamento, e não para as centenas de funcionários que seriam afetados pelo projeto de um jeito ou de outro e cuja ajuda teria feito a diferença.

— Ele tem razão. Não vi nada sobre esse projeto.

— E com certeza eles não contaram com voluntários como Amanda, os exploradores e Sally Ann do jardim de infância.

[Nota dos autores: Nunca subestime a importância de muitas pessoas terem uma verdadeira consciência da urgência.]

4º case: A mudança que não permanece não é mudança.

Um último exemplo:

— Todos os índices indicaram que a implementação da nova estratégia de comercialização foi bem-sucedida. Mas duvido que hoje em dia alguém (que fosse objetivo e soubesse como realmente fazemos as comercializações e quais são os nossos resultados) diria que nosso sucesso foi capaz de se sustentar. Talvez tenha havido uma pequena mudança na direção certa, ou melhor, em uma direção promissora. Mas se compararmos com dois anos atrás...

— Fazemos as coisas quase do mesmo jeito que fazíamos no passado.

— Qual foi o problema?

— Bem, pense sobre os pinguins. O que eles fizeram de diferente?

— Diferente de nós, muitos deles participaram da mudança, e eram bastante empolgados. E muitos desenvolveram a consciência de urgência, o que os fazia se interessar pelo que estava acontecendo e se envolver no processo da grande mudança que queriam implementar. Eles se "voluntariavam".

— Acredito que, no nosso caso, houve alguma divulgação antecipada a partir de um case de negócios.

— Lembro-me de um enorme arquivo de PowerPoint.

— Eu não.

— Eu lembro. Mas depois só encaixaram as iniciativas no plano operacional, financeiro e de atribuição de responsabilidades.

— Mas sempre fazemos isso. Funciona.

— Não. Fazemos isso para executar mais ou menos as tarefas corriqueiras e as pequenas melhorias. E parece funcionar. Mas estamos falando de uma mudança muito mais profunda.

— Então a diferença entre "tarefas corriqueiras e pequenas melhorias" e "uma mudança mais profunda" é importante?

— Acredito que sim. E precisamos conversar sobre isso. Pensem um pouco sobre o que o escritório de Chicago fez...

[Nota dos autores: Ao considerar qualquer tipo de iniciativa que exija mudanças, pense (bem) em quantas pessoas precisarão alterar suas rotinas. Se for uma grande quantidade, se torna necessária uma mudança em larga escala, e isso pede processos diferentes do que aqueles de uma mudança em pequena escala.]

Entendeu?

Vimos aqui que uma conversa inicial leva a outras mais produtivas ainda. Mais reflexivas. Mais fundamentadas. As pessoas ficam menos na defensiva e se entendem melhor, pois compartilham uma linguagem e um ponto de referência.

Percebemos que o início da conversa pode parecer esquisito. Pois são adultos sérios conversando sobre uma fábula boba! Isso pode gerar risadas nervosas (o que não é ruim!). Às vezes, uma pessoa se sente ameaçada pelo rumo da conversa e tenta terminá-la. Mas é só uma ou duas pessoas corajosas fazerem perguntas lógicas ou as responderem, e a conversa deslancha.

Nós encorajamos você a tentar!

FIM
(a não ser que você queira informações extras)

Os autores respondem

Pergunta: Por que fizeram uma edição de dez anos de *Nosso iceberg está derretendo*?

John Kotter: No meu caso, foram dois motivos. Primeiro, o mundo continuou mudando drasticamente nos últimos dez anos, e seria uma pena não falar sobre isso no livro. E segundo, aprendemos muito ao conversar com pessoas que usaram o livro nesse período e o acharam útil. Queria que nossos novos leitores tivessem acesso a essa informação.

Pergunta: O que vocês aprenderam na última década?

JK: O aprendizado mais elementar é que a velocidade das mudanças continua aumentando na maioria das empresas, das indústrias e dos setores. Como consequência, também aumenta significativamente o número de iniciativas dentro das organizações. Iniciativas nas áreas de gestão, marketing, vendas, finanças e outras. E isso tem consequências relevantes.

Holger Rathgeber: Por exemplo, se você andar por aí hoje em dia e perguntar aleatoriamente: "Quem aqui está envolvido em algum tipo de processo de mudança no trabalho?" Não importa se você está numa reunião da gerência, numa conferência de vendas ou na seção de embalagens de uma fábrica; o número de mãos que se levantam se tornou impressionante nesses últimos anos. E, na minha opinião, a maior parte das pessoas não está preparada para essa realidade, ou não tanto quanto deveria.

Incentivamos as pessoas a começar e a apoiar iniciativas e projetos de mudança e simplesmente achamos que a vida e as experiências adquiridas no passado ensinaram a todos como entender quais ideias e habilidades são relevantes para a atualidade. Mas temos visto com frequência até demais que essa não é a realidade quando as mudanças precisam ser frequentes e maiores. A vida (o passado) pode ensinar muito mal.

Acho que é por isso que essa história se torna muito relevante, porque ajuda a encontrar a linguagem e a orientação sobre o que poderíamos, deveríamos ou precisaríamos fazer em momentos de confusão. Nessa história, vemos um processo que é baseado em pesquisas reais e inúmeras situações que encontramos na vida real; e é um processo inteligível (não é fácil de botar em prática, mas dá para compreender). É uma história útil quando as pessoas estão confusas sobre o que fazer, pois é essencialmente uma sequência de ações que aumentam a probabilidade de você e sua equipe serem, não apenas pouco, mas muito bem-sucedidos.

E é por isso que escrevemos esse livro. É por isso que o estamos relançando com novas ideias. Estou certo de ele é ainda mais pertinente e importante hoje do que há dez anos.

Pergunta: Vocês alteraram a história?

JK: Acho que os leitores fiéis, que usam esse livro com frequência para interagir em suas equipes, não perceberão as mudanças sutis que fizemos. É quase como a filmagem de um longa-metragem. Grava-se muito mais do que o que de fato vira o filme. Então, imagine que um diretor, dez anos depois, volta com o feedback que recebeu de seu público e resolve fazer uma nova "versão do diretor", de maneira que o filme seja uma experiência ainda mais impactante para sua audiência. E, com esse objetivo em vista, é bem possível que esse diretor leve em consideração as mudanças ocorridas na sociedade desde a produção original do filme. Assim, algumas falas e cenas menores que não estavam no original são inseridas. Algumas falas, cortadas. São feitas pequenas mudanças bem objetivas. A história ainda é a mesma, mas possivelmente mais impactante devido aos novos aprendizados e à necessidade renovada de aprender a lidar com mudanças. Foi mais ou menos isso que aconteceu aqui.

HR: Vou lhes dar um exemplo. No nosso mundo em transformação exponencial, com frequência vemos iniciativas em empresas consideravelmente maiores do que eram há dez anos. As mudanças são maiores. Os objetivos também. E tudo está acontecendo mais rápido, então é ainda mais difícil dizer exatamente o que precisa ser mudado. Há mais incertezas, que geram ansiedade. Por isso a história traz pequenas mudanças que mostram a realidade de pessoas que lidaram com essa situação.

Quando Louis, por exemplo, vai até o grupo e diz que o iceberg está derretendo, eles precisam fazer alguma coisa. Sem ter uma solução à disposição (ou mesmo uma vaga ideia do que fazer), é claro que algumas pessoas vão de "está tudo bem" até pânico e medo, que são quase tão problemáticos quanto ignorar a existência do problema. Nessa edição, Buddy e outras aves conversam sobre quais mentes perturbadas os impedem de fazer o necessário. É uma pequena mudança (um novo parágrafo), mas não é uma questão irrelevante.

Pergunta: Kotter, você faz pesquisas sobre performance organizacional, especialmente num mundo em transformação, e a liderança precisa ter uma boa performance há décadas. Você publicou seus resultados quase exclusivamente em livros técnicos, escritos para gestores. E aqui escolheu algo muito diferente, uma fábula. Por quê?

JK: Há muito tempo estudo sobre o aprendizado das pessoas. E é bastante óbvio que nossos cérebros são programados por histórias. Uma boa história é fácil de assimilar e de lembrar, principalmente se tem componentes emocionais. Isso provavelmente acontece porque foi assim que seres humanos aprenderam por dezenas de milhares de anos. O líder conta aos jovens da tribo a grande história de como seu ancestral disputou o jantar com um tigre dentes-de-sabre e salvou toda tribo. Ou como o ancestral foi devorado pelo tigre dentes-de-sabre. Uma história dramática e interessante que contém lições importantes. Uma forma de contar histórias é a fábula. Além da vantagem de ser curta, é um estilo que atrai mais pessoas do que os tradicionais livros sobre gestão. Se for bem-feita, com animais interessantes fazendo coisas incomuns, pode ser marcante e especialmente memorável. Boas fábulas têm alguns pontos básicos que, por ficarem guardadas na memória, podem realmente mudar o que fazemos. Assim, pensei e conversei com algumas pessoas sobre a ideia de colocar importantes lições de gestão em uma fábula. Então Holger teve uma grande ideia.

HR: Tudo começou quando me pediram para passar de duas a três horas com uma grande plateia de gerentes e executivos, focando nos oito passos apresentados no livro de John, *Liderando mudanças*. Para mim estava claro que uma apresentação de slides não daria conta do recado. Então, criei o esboço de um enredo sobre uma colônia de pinguins localizada num iceberg que estava derretendo. Eles enfrentam desafios típicos e passam pelos oito passos. Era uma versão extremamente simplificada do que acabamos escrevendo depois. Mas...

JK: Aí o Holger me enviou um breve e-mail contando sobre o que havia desenvolvido. Achei aquilo muito criativo. Adorei. Uma coisa levou à outra e, um ano depois, o contatei e disse: "Vamos escrever um livro."

Pergunta: Então essa fábula é baseada nas suas pesquisas e em estudos de caso reais?

JK: Sim. Nem sei de onde teríamos que começar a contar a história para sabermos todo trajeto que levou ao desenvolvimento desse trabalho. Uns trinta anos, talvez mais. Também aprendemos muito na última década.

Pergunta: Essa nova edição tem reflexos de suas pesquisas mais recentes?

JK: Sim. Recentemente aprendemos, por exemplo, que conversar sobre riscos (como o derretimento do iceberg) é uma ótima forma de chamar a atenção das pessoas mais acomodadas. Mas se você martelar a questão do perigo, essas pessoas entram em pânico, o que não ajuda ninguém. Elas começam a se preocupar consigo mesmas, com suas famílias, e não com a comunidade. A ansiedade gerada as deixa esgotadas. Muitas evidências, que surgiram na última década, mostram que para qualquer esforço gerar grandes mudanças necessárias, é preciso mudar a ênfase do risco para a oportunidade. É preciso pensar nos pontos positivos. Isso ajuda um grupo de pessoas a não entrar em colapso e não focar apenas em si mesmas, mas a manter-se motivadas e focadas no grupo. Isso é só um exemplo.

HR: Posso dar um segundo exemplo. Nesse mundo que muda cada vez mais rápido, a quantidade de pessoas necessária para se envolver, potencializar grandes mudanças (na velocidade que você precisa) e agir proativamente está aumentando exponencialmente. Nossos métodos tradicionais não são capazes de produzir o nível necessário de ação e comprometimento. Delegar as mudanças para o mesmo pequeno grupo de pessoas é um erro e não funciona.

É preciso um grupo grande para fazer a mudança acontecer, ou pelo menos um número maior de pessoas que ajudem o grupo principal. A comunicação sempre foi importante. No entanto, se você precisa envolver mais pessoas, precisa de comunicação útil e contínua para que todos saibam do que se trata. É preciso difundir as informações relativas aos sucessos, assim as pessoas se mantêm focadas e passam a acreditar mais na mudança.

Também é preciso difundir onde você quer e precisa de ajuda, para estimular soluções e iniciativas criativas por parte de muitas pessoas que "compraram" a visão, e não simplesmente saem fazendo coisas.

Pergunta: Por que escolheram pinguins como personagens?

HR: A capa do livro de John sobre os oito passos, *Liderando mudanças*, tinha pinguins. Então, não há dúvidas de que isso influenciou nossa decisão. Outro motivo bem simples é que pinguins, especialmente os pinguins-imperadores, são criaturas fascinantes com as quais, por algum motivo, os seres humanos conseguem se identificar facilmente. Além disso, eles nos fazem sorrir, o que por si só já ajuda.

Pergunta: Tem alguma lição que vocês gostariam que os leitores levassem para a vida?

JK: Sim. Em tempos difíceis como os nossos, liderança adequada, que não venha apenas de alguns cargos superiores, é muito importante, raro demais, e não precisa ser assim. Geralmente, tudo começa quando uma pessoa para de ignorar os problemas ou de esperar que algo aconteça e começa a buscar oportunidades para agir onde outras pessoas estão enxergando problemas, falhas ou ameaças. Essa pessoa pode ser você, que está lendo essa entrevista agora. Por que não?

HR: E, no fim, a chave é o trabalho em equipe alinhado à liderança. Os oito passos são uma boa orientação para entender qual é o trabalho a ser feito quando a mudança é necessária. E, francamente, essa é a realidade da maioria das empresas no momento.

Pergunta: Vocês pensaram em escrever uma sequência de verdade, um *Nosso iceberg está derretendo 2*, e não apenas essa edição comemorativa?

JK: Pensamos. Conversamos sobre isso e, quem sabe no futuro, consigamos escrever essa sequência. Mas agora nos esforçamos em pensar sobre como poderíamos expandir esse trabalho. Então decidimos que iríamos começar do começo. E a mente criativa de Holger começou a procurar outros enredos e animais, e finalmente encontramos. É um enredo que vai além do processo de mudança e analisa as forças subjacentes baseadas em nossa mais recente pesquisa. E, dessa vez, escolhemos (ou melhor, Holger escolheu, e só concordei) os suricatos.

HR: São animais fofos encontrados na África. E o nome do livro é *Não é assim que a gente trabalha aqui!* Foi muito divertido escrevê-lo e já estamos vendo que as pessoas o estão achando útil.

JK: E, claro, isso é muito gratificante. Toda a minha pesquisa e, de certa forma, todo o meu trabalho me convenceram de que o estudo e a prática da liderança e da mudança se tornarão ainda mais importantes no futuro, e serão competências essenciais para todos aqueles que desejam ajudar na criação desse futuro.

Os autores

John Kotter é, com frequência, reconhecido como a maior autoridade do mundo em liderança e mudança. É premiado professor emérito da Harvard Business School. Um dos autores mais vendidos, de acordo com o *New York Times*. E cofundador da empresa de consultoria Kotter International.

Holger Rathgeber é um empresário que já teve o nome na *Fortune 500*, colaborador frequente de Kotter (recentemente em *Não é assim que a gente trabalha aqui!*). E um dos diretores da Kotter International.

Kotter International é um novo ramo em empresas de consultoria que possibilita que empresas alcancem poder total, auxiliando-as a alcançar resultados estratégicos e sustentáveis mais rápido, ao mesmo tempo que constroem métodos ágeis e rápidos, além de confiáveis e eficazes.

Visite www.kotterinternational.com para mais recursos e estudos de caso de empresa reais (e não de uma colônia de pinguins).

Este livro foi composto na tipologia Adobe Garamond Pro, em corpo 13,
e impresso em papel Couché fosco 115 g/m² na Lis gráfica.